Insider-Dossier

Standardfragen und -themen in der mündlichen Prüfung im 2. Examen

Gedruckt auf Recyclingpapier.

Wir verzichten auf das Folieren unserer Bücher.

Das Buch wurde klimaneutral gedruckt.

Klimaneutral
Druckprodukt
ClimatePartner.com/12518-1907-1001

Insider-Dossier

Standardfragen und -themen in der mündlichen Prüfung im 2. Examen

von

Dr. Michael Berkemeyer

2. erweiterte Auflage

ReferendarFachVerlag 2020

https://www.referendarfachverlag.de

Meinard-Fortmann-Straße 50
49377 Vechta

ISBN 978-3-946823-36-0

Vorwort

Wir haben viel positives Feedback zur 1. Auflage des Buchs erhalten. Nicht zuletzt dieses Feedback hat uns dazu motiviert, in den letzten zwei Jahren weitere ca. 25.000 Protokolle zu mündlichen Prüfungen im 2. Examen auszuwerten und das Buch mit den neu gewonnenen Erkenntnissen zu überarbeiten und zu erweitern.

Im Vergleich zur 1. Auflage haben wir neben zahlreichen Aktualisierungen weitere Standardfragen in das Buch aufgenommen, die häufig Gegenstand der mündlichen Prüfung im 2. Examen sind. Darüber hinaus haben wir die bereits vorhandenen Themen etwas detaillierter gefasst, um eine wirklich optimale Vorbereitung auf die Fragen aus diesen Gebieten zu gewährleisten. Schließlich haben wir den Aufbau des Buchs etwas verändert.

Neu hinzugekommen sind zudem einige Prüfungsgespräche im Zivilrecht, Strafrecht sowie Öffentlichen Recht, die der Wiederholung und Vertiefung dienen. In diesem Zusammenhang möchten wir auf unsere „Anleitung" hinweisen, in der wir niedergelegt haben, wie wir uns die Arbeit mit diesem Buch vorstellen.

Abschließend möchten wir uns bei den vielen Lesern bedanken, die uns per E-Mail an standardfragen@referendarfachverlag.de ihre Meinung zu dem Buch gesendet haben. Und wie es wohl immer ist: Über das positive Feedback freut man sich sehr; aber gerade die eher kritischen Anmerkungen der Leser haben dazu beigetragen, das Buch in unseren Augen noch besser zu machen.

Wir wünschen Dir für Deine anstehende mündliche Prüfung viel Erfolg!

Vechta, im Oktober 2020

Vorwort zur 1. Auflage (Auszug)

Unser Ziel ist es, Dich bei der Vorbereitung auf Deine mündliche Prüfung bestmöglich zu unterstützen!

Hierzu stellen wir Dir als Spezialist für die mündliche Prüfung im 2. Staatsexamen zum einen unter www.protokolle-assessorexamen.de aktuelle Protokolle Deiner Prüfer zum Download bereit. Dies spart Dir bereits eine Menge Geld, da andere kommerzielle Anbieter für dieselbe Leistung zum Teil bis zu 80 Euro – zzgl. einer Kaution – verlangen.

Zum anderen zeigt die Auswertung von inzwischen mehr als 10.000 bei uns eingereichten Protokollen, dass die allermeisten Prüfer in der mündlichen Prüfung absolute Standards abfragen, die sich immer und immer wiederholen. Es ist grob fahrlässig, sich im Vorfeld nicht mit diesen Themen intensiv zu beschäftigen und insofern unvorbereitet in die mündliche Prüfung zu gehen.

Manche Rechtsgebiete eignen sich einfach gut für die Prüfung im mündlichen Examen. Dazu zählen beispielsweise der einstweilige Rechtsschutz in der Ö-Rechts-Prüfung genauso wie der Instanzenzug in der Strafrechtsprüfung. Anknüpfungspunkt für die Fragen sind zwar stets entweder ein aktuelles Urteil oder ein vom Prüfer gebildeter Fall. Im Rahmen der mündlichen Prüfung werden dann aber diese Standardfragen – losgelöst vom Fall – abgearbeitet.

Wir haben Dir im Folgenden das Ergebnis unserer Auswertung dargestellt. Das Insider-Dossier haben wir dabei mit großer Sorgfalt erstellt. Solltest Du dennoch einen Fehler entdecken, sende uns bitte einfach einen Hinweis an standardfragen@referendarfachverlag.de. Positives Feedback wie auch kritische Anmerkungen kannst Du uns ebenfalls gerne per E-Mail an die genannte E-Mail-Adresse zukommen lassen.

Vechta, im September 2016

Anleitung

Wir haben uns bei der Erstellung des Insider-Dossiers dazu entschieden, auf die nach Auswertung der Protokolle examensrelevantesten Themen **kapitelweise einzugehen**.* Dies fördert zum einen eine klare Struktur des Buchs. Zum anderen ermöglicht dies dem Leser, sich nicht nur rechtsgebiets-, sondern auch **themenbezogen auf die mündliche Prüfung vorzubereiten**.

» Zum Aufbau des Buchs

Jedes Kapitel beginnt zunächst **mit einer Einführung** in das jeweilige Thema. Anschließend folgen Original-Prüfungsfragen, die Prüfer den Referendaren zu dem Thema häufig in der mündlichen Prüfung stellen und die wir exakt so den **bei uns eingereichten Protokollen** entnommen haben.

Neu aufgenommen haben wir mehrere **Prüfungsgespräche zur Wiederholung und Vertiefung**, die die Themen der davor liegenden Kapitel aufgreifen. Im Frage-Antwort-Stil ermöglichen diese Zwischenprüfungsgespräche dem Leser, die wichtigsten Standardfragen und -themen **in Form einer Prüfungssimulation** zu wiederholen. Angereichert sind diese Zwischenprüfungsgespräche um **weitere vertiefende Fragen**, die wir in dem jeweiligen Zusammenhang in den Protokollen entdeckt haben.

Zum Ende des jeweiligen Rechtsgebiets findet sich abschließend **ein Prüfungsgespräch**, das auf weitere Fragen eingeht, auf die wir des Öfteren

---

* Andere Bücher, die sich an Rechtsreferendare zur Vorbereitung der mündlichen Prüfung im 2. Examen richten, verfolgen den Ansatz, die häufigsten Fragen einfach im Frage-Antwort-Stil aufzulisten oder diese dem Leser allein mittels einer Vielzahl an Prüfungsgesprächen zu vermitteln.

in den Protokollen gestoßen sind. Diese Standardfragen sollen eine **bestmögliche Vorbereitung** auf die mündliche Prüfung gewährleisten; sie werden aber nicht so häufig gestellt, dass hierfür die Darstellung im Rahmen eines eigenen Kapitels gerechtfertigt ist.

» Mit dem Buch das Wissen „erarbeiten"

Natürlich ist es möglich, das Buch zur Vorbereitung auf die mündliche Prüfung einfach **mehrmals zu lesen**. Auch dadurch wird man einen gewissen Lernerfolg erzielen. Wir möchten Dir aber dringend ans Herz legen, etwas mehr Zeit zu investieren und **das Insider-Dossier durchzuarbeiten**. Konkret bedeutet das:

- Lies zunächst **die Ausführungen zur Einführung** in das jeweilige Thema. Sofern Du dabei Unklarheiten feststellst, was eher selten vorkommen dürfte, nimm Deine eigenen Aufzeichnungen zum Thema oder Lehrbücher zur Hand, um diese zu beseitigen.
- Sowohl bei den **Original-Prüfungsfragen zum Thema**, die im Frage-Antwort-Stil gehalten sind, als auch bei den Prüfungsgesprächen lies nur die Frage und decke die Antwort zunächst mit einem blickdichten Zettel ab.
- Nimm Dir **nach dem Lesen der Frage ausreichend Zeit** (und zwar eher mehr Zeit als Dir in der Prüfungssituation zur Beantwortung der Frage zustehen würde), um Deine Antwort auf die Frage zu entwickeln. Selbst wenn die Antwort auf der Hand liegen mag, lass Dir Zeit und durchdenke die Frage und Deine Antwort.
- Gleiche **erst anschließend** unseren Antwortvorschlag mit Deiner eigenen Antwort ab.

Mit einer „erarbeiteten" Antwort auf eine Frage erzielt man **den größtmöglichen Lernerfolg**. Zum Durcharbeiten des Buchs zählt dabei auch, den Gesetzestext zu verwenden: Sind in der Einführung zu einem Thema Vorschriften genannt, raten wir dringend dazu, das Gesetz aufzuschlagen und **die jeweiligen Normen zu lesen**. Und bei nahezu jeder in diesem Buch enthaltenden Frage sollte man versuchen, im Rahmen der eigenen Antwort auf konkrete Normen einzugehen und diese zu benennen.

Die Arbeit mit dem Gesetz ist Teil der Prüfungsleistung

Mache Dir klar, dass das Arbeiten mit dem Gesetz und das Entwickeln von Lösungen anhand konkreter Normen wesentliche Bestandteile der mündlichen Prüfung sind. Das Finden und Benennen der relevanten Normen sind Teil der Prüfungsleistung und sollte von Dir durch die richtige Arbeit mit diesem Buch auch geübt werden.

Sofern Du einen Lernpartner oder sogar eine Lerngruppe hast, bieten sich gerade die (Zwischen-)Prüfungsgespräche dazu an, die **Prüfungssituation in Form eines Rollenspiels** zu simulieren und ggf. über bestimmte Fragen und Antworten miteinander zu diskutieren. Das Buch ist aber auch für die **alleinige Vorbereitung auf die mündliche Prüfung** bestens geeignet, wenn man die oben geschilderte Arbeitsweise einhält.

» *Wiederholung ist der Schlüssel zum Erfolg*

Aufgrund der Vielzahl der im Buch enthaltenden Fragen sollte man das Buch durchaus **mehrmals durcharbeiten** – jeweils mit einem gewissen zeitlichen Abstand zwischen den Bearbeitungszyklen. Denn gerade eine **stete Wiederholung** trägt zum bestmöglichen Lernerfolg bei.

In diesem Zusammenhang kommen auch die von uns eingefügten **Prüfungsgespräche zur Wiederholung und Vertiefung** zum Tragen. Diese Prüfungsgespräche bieten **die beste Lernkontrolle für den Leser**, ob er die zuvor behandelten Themen für eine Prüfung in ausreichender Weise verinnerlicht hat. Dabei sollte zwischen dem Durcharbeiten der Kapitel einerseits und der anschließenden Bearbeitung des Zwischenprüfungsgesprächs **ein gewisser zeitlicher Abstand** liegen. Optimalerweise arbeitet man das Insider-Dossier also gerade nicht an einem Tag durch, sondern abschnittsweise:

- Erarbeite die **Themen inkl. der jeweiligen Original-Prüfungsfragen**, bis anschließend das nächste Zwischenprüfungsgespräch folgt. Aber statt dieses durchzuarbeiten, lege das Buch zur Seite.
- Starte am Folgetag dann mit dem **Prüfungsgespräch zur Wiederholung und Vertiefung** der am Vortag durchgearbeiteten Kapitel.

Durch dieses Vorgehen wird gewährleistet, dass man die Wiederholungsfragen mit dem **Wissen aus dem Langzeitgedächtnis beantwortet**, das man bereits verinnerlicht hat. Würde man das Zwischenprüfungsgespräch direkt im Anschluss an das Lesen der Kapitel durcharbeiten, bestünde die große Gefahr, dass man für die Beantwortung der Fragen lediglich **auf Wissen aus dem Kurzzeitgedächtnis** zurückgreift.

Hinter dieser Art des Lernens steckt das **„System der verteilten Wiederholung“** (auch SRS – Spaced Repetition System – genannt). Darunter versteht man eine Lernmethode, die zunehmende **Zeitabstände zwischen der Wiederholung** gelernter Inhalte vorsieht. Sie nutzt damit den „Spacing-Effekt“ aus, wonach Inhalte, die über einen längeren Zeitraum gelernt werden, **besser im Gedächtnis bleiben**, als solche, die in einer kurzen Zeit intensiv wiederholt werden.* Wir haben das Buch bewusst um die Prüfungsgespräche zur Wiederholung und Vertiefung erweitert, um die Anwendung des „Systems der verteilten Wiederholung“ zu ermöglichen. Nutze diese Möglichkeit auch für Deine Vorbereitung.

Einer guten und effektiven Vorbereitung der mündlichen Prüfung steht nun nichts mehr im Wege. Wir wünschen Dir **schon jetzt viel Erfolg** für Deine mündliche Prüfung!

---

* Ausführlich zu dieser Lernmethode Wikipedia, „Spaced repetition", abrufbar unter der URL: https://de.wikipedia.org/wiki/Spaced_repetition

Inhaltsverzeichnis

Abkürzungsverzeichnis

AAK	Atemalkoholkonzentration
Abs.	Absatz
AG	Amtsgericht
Art.	Artikel
Az.	Aktenzeichen
BAK	Blutalkoholkonzentration
BayAGGVG	Bayerisches Gerichtsverfassungsausführungsgesetz
BayObLG	Bayerisches Oberstes Landesgericht
BDSG	Bundesdatenschutzgesetz
BerHG	Beratungshilfegesetz
BGB	Bürgerliches Gesetzbuch
BGH	Bundesgerichtshof
BORA	Berufsordnung für Rechtsanwälte
BRAO	Bundesrechtsanwaltsordnung
BVerfG	Bundesverfassungsgericht
BVerfGG	Bundesverfassungsgerichtsgesetz
BVerwG	Bundesverwaltungsgericht
EGGVG	Einführungsgesetz zum Gerichtsverfassungsgesetz
EGZPO	Einführungsgesetz zur Zivilprozessordnung
EMRK	Europäische Menschenrechtskonvention

DSGVO	Datenschutz-Grundverordnung
f.	folgende
ff.	fortfolgende
GastG	Gaststättengesetz
GewO	Gewerbeordnung
GG	Grundgesetz
GKG	Gerichtskostengesetz
GO	Gemeindeordnung
GVG	Gerichtsverfassungsgesetz
JGG	Jugendgerichtsgesetz
LG	Landgericht
LJPA	Landesjustizprüfungsamt
OLG	Oberlandesgericht
OVG	Oberverwaltungsgericht
OWiG	Ordnungswidrigkeitengesetz
POR	Polizei- und Ordnungsrecht
PKH	Prozesskostenhilfe
RiStBV	Richtlinien für das Strafverfahren und das Bußgeldverfahren
RPflG	Rechtspflegergesetz

RsprEinhG	Gesetz zur Wahrung der Einheitlichkeit der Rechtsprechung der obersten Gerichtshöfe des Bundes
Rn.	Randnummer
StA	Staatsanwalt / Staatsanwaltschaft
StGB	Strafgesetzbuch
StPO	Strafprozessordnung
StrWG	Straßen- und Wegegesetz
StVG	Straßenverkehrsgesetz
StVO	Straßenverkehrsordnung
VA	Verwaltungsakt
VersG	Versammlungsgesetz
VG	Verwaltungsgericht
vgl.	vergleiche
VU	Versäumnisurteil
VVG	Versicherungsvertragsgesetz
VwGO	Verwaltungsgerichtsordnung
VwVfG	Verwaltungsverfahrensgesetz
VwVG	Verwaltungsvollstreckungsgesetz
ZPO	Zivilprozessordnung

Abschnitt 1

» Allgemeine Standardfragen und -themen in der mündlichen Prüfung

Aktuelle Verfahren vor den obersten Gerichten / rechtspolitische Themen

Die mündliche Prüfung entscheidet als abschließende Prüfung maßgeblich über das Ergebnis im 2. Examen insgesamt. In der Regel steht für die Kandidaten **viel auf dem Spiel**: Wird die Leistung in der mündlichen Prüfung dafür ausreichen zu bestehen? Fällt die Bewertung der einzelnen Prüfungsabschnitte gut genug dafür aus, einen in Aussicht gestellten Job zu bekommen oder die Staatsnote für den Einstieg in die Justiz zu erreichen? Dementsprechend **angespannt und nervös** starten viele Referendare in die mündliche Prüfung.

Keine Angst vor der mündlichen Prüfung

Denn es gilt eindeutig der Grundsatz: Wer für die mündliche Prüfung geladen wurde, wird auch bestehen.

Wir werten seit Jahren Protokolle zur mündlichen Prüfung im 2. Examen aus und haben bislang erst zwei Protokolle erhalten, aus denen hervorging, dass ein Kandidat aus der jeweiligen Prüfungsgruppe nach der mündlichen Prüfung den Prüfungsraum nicht als Volljurist verlassen hat, sondern durch das Examen gefallen ist.*

Die Prüfer im 2. Examen wissen, wie nervös die Referendare in der mündlichen Prüfung sind, und beginnen ihre Prüfung oftmals mit „**Fragen zum**

* Zum Teil veröffentlichen Justizprüfungsämter auch Zahlen, wie viele Kandidaten das Examen aufgrund der mündlichen Prüfungsleistungen nicht bestanden haben (so zB das LJPA Niedersachsen). In diese Statistiken dürften aber auch diejenigen fallen, die – aus welchen Gründen auch immer – gar nicht erst zur mündlichen Prüfung erschienen sind, ohne zuvor offiziell den Rücktritt von der Prüfung erklärt zu haben.

Aufwärmen" (bevor es anschließend mit der detaillierten Prüfung eines Falls weitergeht). Diese Fragen können beispielsweise auf die Darstellung des Instanzenzugs im Zivilrecht oder auf die Nennung der Prozessmaximen im Strafprozess* abzielen. Sehr viele Prüfer starten ihre Prüfung aber auch mit der Frage, welche **aktuell laufenden Gerichtsverfahren** oder in der jüngsten Vergangenheit ergangenen höchstgerichtlichen Entscheidungen die Kandidaten kennen. Jeder Prüfling muss dann ein solches aktuelles Verfahren aus dem jeweiligen Rechtsgebiet nennen und die **wesentlichen Infos zum Sachverhalt bzw. die rechtlichen Probleme** in dem Verfahren darstellen können.

Die Frage nach solchen aktuellen Verfahren stellt grundsätzlich einen **dankbaren Start in die mündliche Prüfung** dar. Denn gefordert wird von den Prüflingen regelmäßig kein Detailwissen; es genügt vielmehr, wenn man den Gegenstand des Verfahrens **in groben Zügen wiedergeben** kann. Die Kandidaten sollen durch das Nennen und Erläutern eines aktuell laufenden Gerichtsverfahrens bzw. einer vor kurzem ergangenen Entscheidung lediglich unter Beweis stellen, dass sie sich mit dem **juristischen Tagesgeschehen** der letzten Wochen befasst haben.

Natürlich kann diese Frage in **allen drei Rechtsgebieten** gestellt werden. Gerade wenn eine solche Frage den Einstieg in eine Prüfung bildet, muss man unbedingt eine Antwort parat haben.

Kurz vor dem Termin der eigenen mündlichen Prüfung muss man sich unbedingt einen **Überblick über die derzeit laufenden Verfahren** – insbesondere vor dem BGH, dem BVerwG und dem BVerfG – verschaffen. Am besten nimmt man sich hierfür eine Stunde Zeit und erstellt für alle drei Rechtsgebiete eine Liste der aktuellen Verfahren bzw. Entscheidungen.

---

* Vgl. dazu unsere Ausführungen in Abschnitt 3, S. 119 ff.

Tipp: Absprache vor der Prüfung

Manchmal kennt man seine Mitprüflinge bereits aus seiner eigenen Arbeitsgemeinschaft oder über gemeinsame Bekannte. Selbst wenn das nicht der Fall ist, hat man aber die Möglichkeit, mit den Mitprüflingen vor der Prüfung in Kontakt zu treten. So bieten wir auf unserer Seite protokolle-assessorexamen.de die Möglichkeit, mit den Referendaren, die für dieselbe Prüfung Protokolle bestellt haben, über eine Shout-Box zu kommunizieren (persönliche Daten wie E-Mail-Adresse oder Telefonnummer geben wir dagegen nicht weiter).*

Über diese Shout-Box können sich die Kandidaten aus einer Prüfungsgruppe im Vorfeld absprechen, wer welches Verfahren oder welche aktuelle Entscheidung nennt, wenn ein Prüfer danach fragt. Denn es gibt nichts Schlimmeres, als dass sich alle Referendare im Vorfeld dieselben Urteile als Antwort auf die Frage zurechtgelegt und vorbereitet haben. Spätestens der Kandidat, der als drittes oder viertes an der Reihe ist, steht dann vor dem Problem, sich spontan an ein anderes Verfahren erinnern zu müssen, das aktuell von einem obersten Gericht entschieden wurde.

» *Recherche der relevanten Verfahren und Entscheidungen*

Hinweise auf solche interessanten Verfahren und Entscheidungen kann man zum einen der **Tagespresse** entnehmen. Zum anderen sollte man die **Pressemitteilungen der obersten Gerichte** anschauen. Dort werden

* In manchen Bundesländern werden im Rahmen der Ladung auch die Namen und Telefonnummern der Mitprüflinge aufgeführt. Dann kann man einfach telefonisch oder per WhatsApp mit diesen in Kontakt treten. Dies setzt allerdings voraus, dass alle aus der Prüfungsgruppe vorab gegenüber dem LJPA ihr Einverständnis zur Weitergabe der Daten erklärt haben.

nicht nur gerade gesprochene Urteile und Beschlüsse vorab bekannt gegeben, bevor die abgefasste Entscheidung überhaupt veröffentlicht ist. Vielmehr wird auch auf die **Terminierungen der nächsten Tage** beim jeweiligen Gericht hingewiesen. Aus diesen Mitteilungen kann man sich einen guten Überblick über die derzeit laufenden Verhandlungen verschaffen.*

Darüber hinaus empfehlen wir die Lektüre der einschlägigen **juristischen Nachrichtenportale**. Hierzu zählen insbesondere:

- Legal Tribune Online (https://www.lto.de)
- Juris Nachrichten (https://www.juris.de)
- beck-aktuell (https://rsw.beck.de/aktuell/aktuell)

» Aktuelle Reformvorhaben

Genauso häufig wie zu aktuellen Verfahren stellen Prüfer zu Anfang der mündlichen Prüfung **Fragen zu aktuellen Reform- und Gesetzesvorhaben**, die von der Bundesregierung bzw. dem Bundesministerium der Justiz vorbereitet werden oder auch bereits vom Bundestag beschlossen worden sind. In allen drei Rechtsgebieten muss man dementsprechend von den wichtigsten Reformvorhaben, die aktuell diskutiert werden oder aber bereits auf den Weg gebracht wurden, Kenntnis haben.

Hinweise auf solche Reformen und **wichtige rechtspolitische Themen** findet man zum einen auf den bereits oben genannten juristischen Nachrichtenportalen sowie in der Tagespresse. Zum anderen empfiehlt es sich,

---

* Auch auf unserer Seite https://www.protokolle-assessorexamen.de veröffentlichen wir unter dem Menüpunkt „Rechtsprechung“ tagesaktuell die Pressemitteilungen von BGH und BVerwG. Selbstverständlich sind diese auch auf den jeweiligen Internetseiten der Gerichte abrufbar.

auf der Seite des Bundesjustizministeriums* **nach dem Stichwort „Reform“ zu suchen** und sich die Ergebnisse nach Aktualität sortiert anzeigen zu lassen.

» *Insider-Dossier zur aktuellen Rechtsprechung und Rechtspolitik*

Um die Referendare dabei zu unterstützen, auch auf Fragen zu aktuellen Entscheidungen und zu derzeitigen Reformvorhaben optimal vorbereitet zu sein, werten wir jede Woche alle bei uns eingehenden Protokolle danach aus, welche Urteile und Beschlüsse bzw. Reformen von den Prüfern derzeit **am häufigsten zum Gegenstand der Prüfung** gemacht werden.

Das Ergebnis dieser Auswertung findet sich in unserem E-Book *„Insider-Dossier: Aktuelle Rechtsprechung und rechtspolitische Themen in der mündlichen Prüfung im 2. Examen“*. Dieses E-Book wird von uns laufend aktualisiert und ist **exklusiv für Besteller von Protokollen** auf https://www.protokolle-assessorexamen.de zu einem Preis von 24,95 € downloadbar.

* https://www.bmjv.de

Die ersten Arbeitsschritte als Richter, Staatsanwalt oder Rechtsanwalt

Schaut man sich Protokolle zur mündlichen Prüfung im 2. Examen an, ist es überraschend, **wie häufig** Prüfer danach fragen, was zu tun ist, wenn man als Richter, Staatsanwalt oder Rechtsanwalt eine neue Akte / ein neues Mandat erhält. Die **Frage nach den nächsten Arbeitsschritten** ist sicherlich eine der am häufigsten im Rahmen von mündlichen Prüfungen gestellten Fragen.

Für den Prüfer hat es Vorteile, diese Frage in den Raum zu stellen: Zunächst einmal muss der Prüfer für dieses Thema in einer mündlichen Prüfung nichts vorbereiten. Vielmehr sind es Arbeitsschritte, die dieser als Praktiker **jeden Tag aufs Neue durchführt**. Gerade aus diesem Grund reagieren die Prüfer „allergisch", wenn der Prüfling auf eine solche Frage nicht eine passende – und richtige – Antwort parat hat. Für den Prüfer ist es absolut unverständlich, wenn der geprüfte Kandidat nicht weiß, wie mit einer Akte **in der Praxis umzugehen** ist.

Für die geprüften Referendare birgt die Frage nach den nächsten Arbeitsschritten **eine große Gefahr**, der Prüfungskommission gleich negativ aufzufallen. Dies gilt umso mehr, weil Referendare nun mal noch nicht als Richter, Staatsanwalt oder Rechtsanwalt gearbeitet haben; zudem hat sich auch die Arbeit in den Stationen meist **auf die Bearbeitung der in den Akten enthaltenen Rechtsfragen** oder auf die Ausarbeitung eines Entscheidungsentwurfs beschränkt. Bekanntermaßen wird den Referendaren insbesondere in der Anwaltsstation häufig nichts über die Kanzleiorganisation oder über den **Umgang mit (neuen) Mandaten** beigebracht.

Im Folgenden gehen wir auf **die ersten Arbeitsschritte** ein, die ein Richter, Staatsanwalt bzw. Rechtsanwalt unternimmt, wenn er eine neue Akte auf den Tisch bekommt bzw. ein Mandant die Kanzlei betritt.

» Richter in Zivilsachen

Geht eine neue Klage beim Amts- oder Landgericht ein, erhält diese zunächst einen **Posteingangsstempel**. Anschließend wird der Schriftsatz der Geschäftsstelle der zuständigen Kammer oder Abteilung weitergeleitet. Welche Kammer oder Abteilung zuständig ist, ergibt sich eindeutig aus dem **Geschäftsverteilungsplan des jeweiligen Gerichts**; nur so ist der sich aus *Art. 101 GG* ergebende Anspruch auf den gesetzlichen Richter gewahrt. Im Zuge dessen erhält die Akte ein Aktenzeichen und wird in das Prozessregister eingetragen.

Exkurs: Aktenzeichen / Registerzeichen

Manche Prüfer wollen es an dieser Stelle genau wissen und fragen nach dem Aufbau eines Aktenzeichens sowie nach den Buchstaben der gängigsten Registerzeichen.

Ein Gerichtsaktenzeichen – zB beim BGH: V ZR 33/19 – besteht grds aus (1) einem Hinweis zum Spruchkörper, (2) dem Registerzeichen, (3) einer laufenden Nummer sowie (4) dem Jahr des Verfahrenseingangs.

Die wichtigsten Registerzeichen:

C	Allgemeine Zivilsachen	Amtsgericht
O	Allgemeine Zivilsachen 1. Instanz	Landgericht
S	Berufungen in Zivilsachen	Landgericht
U	Berufungen in Zivilsachen	Oberlandesgericht
ZR	Revisionen in Zivilsachen	Bundesgerichtshof
Ca	Arbeitsrechtliche Verfahren	Arbeitsgericht
B	Mahnverfahren	Amtsgericht
M	Zwangsvollstreckungssachen	Amtsgericht

Js	Ermittlungsverfahren	Staatsanwaltschaft
UJs	Ermittlungsverfahren gegen Unbekannt	Staatsanwaltschaft
Ds	Strafverf. vor dem Einzelrichter	Amtsgericht
Cs	Strafbefehle	Amtsgericht
Ns	Berufungen in Strafsachen	Landgericht
Ss	Revisionen in Strafsachen	Oberlandesgericht
StR	Revisionen in Strafsachen	Bundesgerichtshof
K	Hauptverfahren	Verwaltungsgericht
L	Verfahren vorl. Rechtsschutz	Verwaltungsgericht

Ist der zuständige Richter gefunden, überprüft dieser zunächst, ob der erforderliche **Gerichtskostenvorschuss nach *§ 12 GKG***[*] eingezahlt worden ist. Wenn dies der Fall ist, wird der Richter verfahrensleitende Verfügungen erlassen.

Im nächsten Schritt entscheidet der Richter darüber, ob er einen **frühen ersten Termin** nach *§ 275 ZPO* oder aber ein **schriftliches Vorverfahren** nach *§ 276 ZPO* anordnet. Die Anordnung eines frühen ersten Termins eignet sich vor allem **bei einfach gelagerten Sachverhalten**. Außerdem bietet sich ein früher erster Termin in Fällen an, in denen die Chance auf eine frühe Beilegung des Streits besteht (zB Nachbarschaftsstreitigkeiten).

[*] § 12 Abs. 1 GKG lautet auszugsweise: „In bürgerlichen Rechtsstreitigkeiten soll die Klage erst nach Zahlung der Gebühr für das Verfahren im Allgemeinen zugestellt werden. Wird der Klageantrag erweitert, soll vor Zahlung der Gebühr für das Verfahren im Allgemeinen keine gerichtliche Handlung vorgenommen werden; dies gilt auch in der Rechtsmittelinstanz."

In der Praxis ist allerdings die Anordnung des **schriftlichen Vorverfahrens sicherlich die Regel**. Oftmals sind zunächst vorbereitende rechtliche und tatsächliche Ausführungen beider Parteien notwendig, bevor die mündliche Verhandlung – ggf. mit gleichzeitiger Ladung von Zeugen – Sinn macht.

Sowohl die Verfügung als auch die Klage selbst werden schließlich dem Klagegegner zugestellt.

» Richter in Verwaltungssachen

Der Ablauf der **Klage- bzw. Antragseinreichung** beim Verwaltungsgericht ist grundsätzlich mit dem beim Zivilgericht identisch. Nachdem der Schriftsatz einen Posteingangsstempel erhalten hat, ergibt sich auch hier aus dem Geschäftsverteilungsplan des Gerichts, welcher Spruchkörper für die Bearbeitung der Akte zuständig ist. Der innerhalb der Kammer zuständige Richter verfügt gemäß *§§ 56, 85 VwGO* die **Zustellung des Schriftsatzes** an den Klage- bzw. Antragsgegner.

Zugleich mit der Zustellung ist der Beklagte vom Richter aufzufordern, **sich schriftlich zu äußern**. Dazu kann eine Frist gesetzt werden (*vgl. § 85 S. 2 u. 4 VwGO*). Aufgrund der Pflicht des Gerichts, den Sachverhalt von Amts wegen zu erforschen (*§ 86 Abs. 1 VwGO*)*, ist der Richter angehalten, entsprechend den Vorgaben des *§ 87 VwGO* **weitere Anordnungen zu treffen**, die der Sachverhaltsklärung dienlich sind.**

* Zu den Maximen im Verwaltungsprozess vgl. unten Abschnitt 4, S. 197 ff.

** Zu diesen möglichen Anordnungen zählen zB das Laden der Beteiligten zur Erörterung des Sach- und Streitstandes (§ 87 Abs. 1 S. 2 Nr. 1 VwGO), das Einholen von Auskünften (§ 87 Abs. 1 S. 2 Nr. 3 VwGO) sowie das Laden von Zeugen und Sachverständigen (§ 87 Abs. 1 S. 2 Nr. 6 VwGO).

» *Richter in Strafsachen*

Nach Abschluss der Ermittlungen der Staatsanwaltschaft erhält der Strafrichter **die Anklageschrift samt Akten*** im sogenannten Zwischenverfahren. Der Richter prüft die Anklage und entscheidet darüber, ob weitere Ermittlungen notwendig sind oder ob das Hauptverfahren eröffnet wird. Nach *§ 203 StPO* beschließt das Gericht die Eröffnung des Hauptverfahrens, wenn es einen **hinreichenden Tatverdacht** bejaht.**

Im Falle der Eröffnung des Hauptverfahrens wird dem Angeklagten der **Eröffnungsbeschluss** zugestellt (*§ 215 StPO*). Je nach Sachverhalt hat der Richter darüber hinaus über folgende Punkte zu entscheiden:

- Prüfung der Haftfortdauer (*§ 117 StPO*),
- Bestellung eines Pflichtverteidigers (*§ 140 StPO*)***,
- Terminierung der Hauptverhandlung sowie im Zuge dessen die Ladung von Beteiligten, Zeugen und Dolmetscher (*§ 214 StPO*).

Wird man als Strafrichter nicht im Rahmen des Zwischenverfahrens, sondern **im Ermittlungsverfahren** tätig, besteht die Aufgabe darin, die

---

* Die Staatsanwaltschaft hat grundsätzlich dem Gericht alle Vorgänge vorzulegen und darf kein be- oder entlastendes Material vorenthalten. Von der Vorlagepflicht ausgenommen sind die Handakten der StA sowie Beiakten, sofern diese keine Bedeutung für die Schuld- oder Rechtsfolgenfrage haben können.

** Die Abfrage der Verdachtsgrade im Strafprozess sowie ihre jeweilige Bedeutung sind ebenfalls „Klassiker" in der mündlichen Strafrechtsprüfung, vgl. dazu unten Abschnitt 3, S. 127 f.

*** Gerade im Hinblick auf die Bestellung von Pflichtverteidigern haben sich durch die im Jahr 2020 endlich erfolgte Umsetzung der EU-Richtlinie 2016/1919 („PKH-Richtlinie") einige Änderungen ergeben. Zusammenfassend lässt sich festhalten, dass Pflichtverteidiger nunmehr bereits zeitlich früher und häufiger beizuordnen sind, als es bislang der Fall war.

Rechtmäßigkeit geplanter Ermittlungen durch die Staatsanwaltschaft zu prüfen und ggf. entsprechende Beschlüsse zu erlassen.

» *Staatsanwalt*

Erhält der Staatsanwalt Kenntnis von einer Straftat (in der Regel durch eine Anzeige), prüft er, ob **ein Anfangsverdacht vorliegt** und staatsanwaltliche Ermittlungen aufgenommen werden.

Bejaht der Staatsanwalt einen Anfangsverdacht, wird dieser den **Sachverhalt weiter aufklären** und zB Zeugen vernehmen lassen. Dazu wird die Akte der Polizei zugesandt und diese mit den verfügten Ermittlungen beauftragt. Regt die Polizei aufgrund ihrer Erkenntnisse konkrete Ermittlungen wie zB eine Durchsuchung an, prüft der Staatsanwalt die **Zulässigkeit der konkreten Ermittlungsmaßnahme** und beantragt ggf. entsprechende Beschlüsse beim Ermittlungsrichter.

Nach abgeschlossener Sachverhaltsaufklärung wird eine **Entscheidung über den Abschluss des Ermittlungsverfahrens** getroffen (Anklage nach *§ 170 Abs. 1 StPO*, Strafbefehl gemäß *§ 407 StPO*, Einstellung nach *§§ 170 Abs. 2, 153 ff. StPO*).

„Zuständigkeit first"

Richter und Staatsanwalt prüfen natürlich zu allererst immer, ob sie für die Bearbeitung der jeweiligen Akte zuständig sind. Denn niemand beschäftigt sich gerne detailliert mit der Sach- und Rechtslage, um später festzustellen, dass dies mangels Zuständigkeit gar nicht notwendig gewesen wäre.

Bei den vorigen Ausführungen sind wir von der Zuständigkeit des Richters bzw. Staatsanwalts ausgegangen. Da die Zuständigkeit aber eine ebenfalls gern gestellte Frage in der mündlichen Prüfung im 2. Examen ist, gehen wir auf diesen Punkt noch gesondert ein.

» *Rechtsanwalt*

Betritt ein neuer Mandant die Kanzlei, muss man als Rechtsanwalt zunächst eine „**Kollisionsprüfung**" durchführen. Grundlage dieser Pflicht sind die *§§ 43a Abs. 4, 45 BRAO* sowie *§ 3 Abs. 1 BORA*. Dazu ist in Erfahrung zu bringen, wer Gegner im Verfahren sein wird, und ob dieser Gegner bereits Mandant des Rechtsanwalts ist. Verläuft die Kollisionsprüfung positiv, darf er das Mandat bereits **aus berufsrechtlichen Gründen** nicht annehmen.

***§ 3 Abs. 1 BORA* lautet:**

„Der Rechtsanwalt darf nicht tätig werden, wenn er eine andere Partei in derselben Rechtssache im widerstreitenden Interesse bereits beraten oder vertreten hat oder mit dieser Rechtssache in sonstiger Weise [...] beruflich befasst war."

Im zweiten Schritt lässt sich der Rechtsanwalt vom Mandanten darüber informieren, um was es in der Sache geht. Hat sich der Rechtsanwalt einen ersten **Überblick über den Sachverhalt** verschafft, muss mit dem potenziellen Mandanten über die voraussichtlichen Kosten und die Anwaltsvergütung gesprochen werden.*

Je nach Fall sind Aspekte wie **Beratungs- bzw. Prozesskostenhilfe** anzusprechen oder aber mit dem Mandanten eine Vergütungsvereinbarung

* Außerhalb der Wahlfach- bzw. Schwerpunktbereichsprüfung „Anwaltsrecht" werden weitergehende Fragen zum Gebührenrecht in aller Regel nicht gestellt.

abzuschließen. Auch ist zu prüfen, ob möglicherweise eine **Rechtsschutzversicherung** existiert, welche die Kosten des Rechtsstreits übernehmen könnte. Sofern die Kosten über eine Rechtsschutzversicherung reguliert werden sollen, muss sich der Anwalt im weiteren Verlauf eine sogenannte **Deckungszusage** einholen. Dazu wird in aller Regel der Entwurf der Klage bzw. Klageerwiderung an die Versicherung gesendet, damit diese sich umfassend über den Sachverhalt informieren kann.

Möchte der Rechtsanwalt das Mandat übernehmen, lässt er sich vom Mandanten eine vorbereitete **Vollmacht** unterzeichnen. Anschließend ist der Mandant aufzufordern, die **für die Sache wichtigen Unterlagen** (zB gerichtliche und außergerichtliche Schreiben; Verträge) vorzulegen bzw. kurzfristig nachzureichen. Diese werden in Kopie zur Akte genommen, die in der Kanzlei zum Mandat angelegt wird. Zudem wird in der Regel die **Zahlung eines Vorschusses** vereinbart, bevor der Anwalt in der Sache tätig wird.

Unabhängig davon muss der Anwalt jedenfalls in der Sache prüfen, ob im konkreten Fall **Fristen laufen, die einzuhalten sind**. Ist dies der Fall, werden die entsprechenden Fristen in den **Kalender** notiert und – sofern notwendig – kurzfristige Maßnahmen getroffen, wie zB die Verteidigungsabsicht angezeigt, die Verjährung durch geeignete Maßnahmen unterbrochen oder aber Einspruch gegen ein erlassenes Versäumnisurteil eingelegt.

Abschnitt 2

» Standardfragen und -themen in der mündlichen Prüfung im Zivilrecht

Zuständigkeiten, Instanzenzug und Besetzung der Gerichte im Zivilprozess

Nicht nur in der Strafrechts-, sondern auch in der Zivilrechtsprüfung werden **oftmals der Instanzenzug** und in diesem Zusammenhang die Besetzung der jeweiligen Gerichte thematisiert. Die Regelungen hierzu sollte man „aus dem Effeff" können; zudem ist es immer zwingend erforderlich, die **jeweiligen Normen zu kennen**, die dies regeln. Beim Durchlesen der nachfolgenden Ausführungen solltest Du unbedingt parallel die Normen aufschlagen und lesen.

» Zuständigkeit der Landgerichte in der 1. Instanz

Nach *§ 71 Abs. 1 GVG* ist grundsätzlich **das Landgericht erstinstanzlich zuständig**, es sei denn die Rechtsstreitigkeit ist den Amtsgerichten zugewiesen.

Auch wenn sich die Zuständigkeit der Amtsgerichte in erster Linie **nach dem Streitwert richtet** (siehe sogleich), ist das Landgericht unabhängig davon ausschließlich zuständig in den in *§ 71 Abs. 2 GVG* aufgezählten Streitigkeiten. Wichtigster Fall in diesem Katalog sind Ansprüche, die auf Grund der Beamtengesetze **gegen den Fiskus erhoben werden** (Amtshaftungsansprüche).

Besetzung der Kammern des Landgerichts*: Gemäß *§ 75 GVG* grundsätzlich drei Berufsrichter – nämlich der Vorsitzende der Kammer sowie zwei Beisitzer.

---

* Es stellt einen Kardinalfehler in der mündlichen Prüfung dar, die Spruchkörper an den Gerichten falsch zu benennen. So darf man keinesfalls den Fehler begehen, die Kammern der Landgerichte als Senate zu bezeichnen.

Ausnahme: die Rechtsstreitigkeit wird auf einen Einzelrichter übertragen.

» *Zuständigkeit der Amtsgerichte in der 1. Instanz*

Die **Amtsgerichte** sind nach *§ 23 GVG* erstinstanzlich zuständig bei Streitigkeiten mit einem Streitwert von bis zu 5.000 Euro (Nr. 1) sowie bei den unter Nr. 2 der Vorschrift aufgezählten Streitigkeiten, also insbesondere bei Streitigkeiten über **Ansprüche aus einem Mietverhältnis** über Wohnraum.

Besetzung der Amtsgerichte: Gemäß *§ 22 GVG* entscheidet ein Berufsrichter als Einzelrichter.

Mache Dir das System der Zuständigkeitsnormen in der 1. Instanz klar:

1. Regel: Grundsätzlich ist das Landgericht zuständig, es sei denn die Rechtsstreitigkeit ist nach dem GVG den Amtsgerichten zugewiesen (*§ 71 Abs. 1 GVG*).

2. Regel: Die Amtsgerichte sind – neben den explizit in *§ 23 Nr. 2 GVG* genannten Fällen – zuständig für Streitigkeiten mit einem Streitwert von bis zu (und einschließlich!) 5.000 Euro (*§ 23 Nr. 1 GVG*).

Ausnahme = 3. Regel: Auch bei Streitwerten unter 5.000 Euro sind die Landgerichte ausschließlich zuständig für die in *§ 71 Abs. 2 GVG* aufgezählten Streitigkeiten.

» Zuständigkeit der Landgerichte in der Berufungsinstanz

Zuständiges **Berufungs- und Beschwerdegericht gegen erstinstanzliche amtsgerichtliche Entscheidungen** ist grundsätzlich das Landgericht (*§ 72 GVG*).

Besetzung: Für die Besetzung der Berufungs- und Beschwerdekammern der Landgerichte gilt dasselbe wie bei der erstinstanzlichen Zuständigkeit der Landgerichte, also: grundsätzlich drei Berufsrichter – nämlich der Vorsitzende der Kammer sowie zwei Beisitzer. Ausnahme: die Rechtsstreitigkeit wird auf einen Einzelrichter übertragen.

» Zuständigkeit der Oberlandesgerichte in der Berufungsinstanz

Als Ausnahme zu dem gerade Gesagten ist nach *§ 119 Abs. 1 Nr. 1 GVG* das Oberlandesgericht zuständig für **Beschwerden gegen Entscheidungen der Amtsgerichte** in Familiensachen sowie amtsgerichtlichen Entscheidungen in den Angelegenheiten der freiwilligen Gerichtsbarkeit.

Zudem sind die Oberlandesgerichte bei **Berufung oder Beschwerde gegen erstinstanzliche Entscheidungen der Landgerichte** zuständig (*§ 119 Abs. 1 Nr. 2 GVG*).

Besetzung: Die Senate der Oberlandesgerichte entscheiden in der Besetzung von drei Berufsrichtern, es sei denn die Rechtssache wurde auf einen Einzelrichter übertragen (*§ 122 Abs. 1 GVG*).

» Zuständigkeit in der Revisionsinstanz

Für das Rechtsmittel der Revision ist **der Bundesgerichtshof zuständig**.

Besetzung: Die Senate des Bundesgerichtshofes entscheiden in der Besetzung von fünf Mitgliedern einschließlich des Vorsitzenden (*§ 139 Abs. 1 GVG*).

» Sprungrevision als Sonderfall

Grundsätzlich ist die **Revision nur bei Berufungsurteilen** statthaftes Rechtsmittel. Man muss also zunächst Berufung gegen ein erstinstanzliches Urteil einlegen, bevor anschließend eine Revision zulässig ist. Etwas anderes gilt allerdings unter den Voraussetzungen des *§ 566 ZPO*. Danach ist eine sogenannte **Sprungrevision gegen erstinstanzliche Urteile der Amts- und Landgerichte** möglich. Voraussetzungen der Zulässigkeit sind:

- ohne Zulassung berufungsfähiges Endurteil
- Einwilligung des Gegners zur Übergehung der Berufungsinstanz
- Zulassung der Sprungrevision durch das Revisionsgericht

„Ohne Zulassung" **berufungsfähig** ist ein Endurteil dann, wenn der Wert des Beschwerdegegenstandes 600 Euro übersteigt (*§ 511 Abs. 2 Nr. 1 ZPO*). Die Sprungrevision* wird nur dann zugelassen, wenn die Rechtssache

* Sinn der Sprungrevision nach § 566 ZPO ist die Beschleunigung des Verfahrens, wenn (a) der Sachverhalt weitestgehend unstreitig ist und (b) die Entscheidung nur von der Beurteilung von Rechtsfragen abhängt.

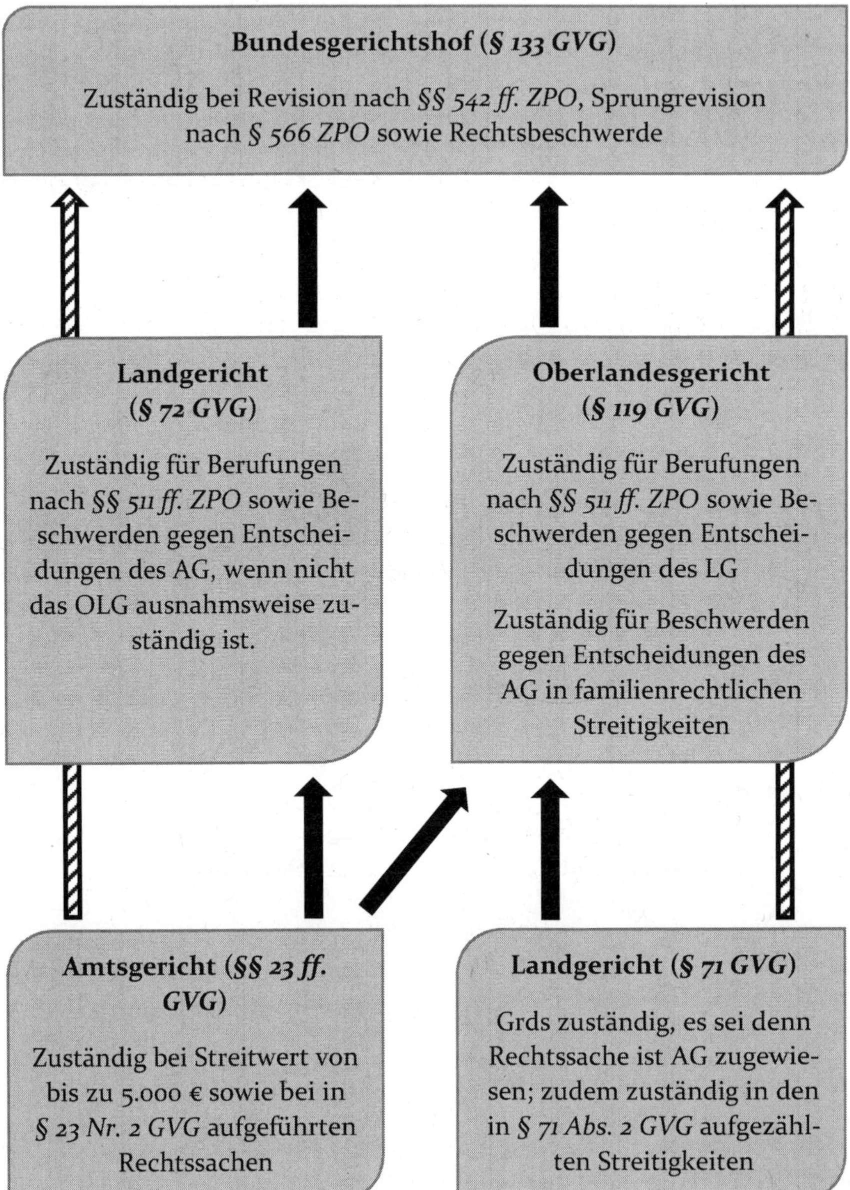
Bundesgerichtshof (*§ 133 GVG*)
Zuständig bei Revision nach *§§ 542 ff. ZPO*, Sprungrevision nach *§ 566 ZPO* sowie Rechtsbeschwerde
Landgericht (*§ 72 GVG*)
Zuständig für Berufungen nach *§§ 511 ff. ZPO* sowie Beschwerden gegen Entscheidungen des AG, wenn nicht das OLG ausnahmsweise zuständig ist.
Oberlandesgericht (*§ 119 GVG*)
Zuständig für Berufungen nach *§§ 511 ff. ZPO* sowie Beschwerden gegen Entscheidungen des LG
Zuständig für Beschwerden gegen Entscheidungen des AG in familienrechtlichen Streitigkeiten
Amtsgericht (*§§ 23 ff. GVG*)
Zuständig bei Streitwert von bis zu 5.000 € sowie bei in *§ 23 Nr. 2 GVG* aufgeführten Rechtssachen
Landgericht (*§ 71 GVG*)
Grds zuständig, es sei denn Rechtssache ist AG zugewiesen; zudem zuständig in den in *§ 71 Abs. 2 GVG* aufgezählten Streitigkeiten

grundsätzliche Bedeutung hat oder die Fortbildung des Rechts oder die Sicherung einer einheitlichen Rechtsprechung eine Entscheidung des Revisionsgerichts erfordert (*§ 566 Abs. 4 ZPO*).

(Weitere) Original-Prüfungsfragen im Zusammenhang mit dem Instanzenzug und der Besetzung der Zivilgerichte

» Die Zuständigkeit des Amtsgerichts richtet sich grundsätzlich nach der Höhe des Streitwerts einer Rechtssache. Welche Arten von Streitwerten kennt die Zivilprozessordnung?

Es gibt drei Arten von Streitwerten: Den Zuständigkeitsstreitwert, den Rechtsmittelstreitwert und den Gebührenstreitwert. Der **Zuständigkeitsstreitwert** berechnet sich nach den *§§ 2 ff. ZPO*. Unter dem **Rechtsmittelstreitwert** versteht man den Wert des Beschwerdegegenstandes (vgl. *§§ 511 Abs. 2 Nr. 1, 567 Abs. 2 ZPO*). Nach dem **Gebührenstreitwert** werden die Gebühren für das Gericht und die Rechtsanwälte berechnet. Hierfür gelten die *§§ 39 ff. GKG*.

» Wie beeinflusst eine Widerklage den Zuständigkeitsstreitwert?

Nach *§ 5 ZPO* werden die in **Klage und Widerklage** geltend gemachten Ansprüche im Rahmen der Feststellung des Zuständigkeitsstreitwerts **nicht zusammengerechnet**.* Vielmehr ist der jeweils höhere Streitwert von Klage oder Widerklage für die sachliche Zuständigkeit alleine maßgeblich.

---

* Anders ist dies aber im Hinblick auf den Gebührenstreitwert: Gemäß § 45 GKG werden hier die in einer Klage und in einer Widerklage geltend gemachten Ansprüche addiert.

» Erhöhen Zinsen den Zuständigkeitsstreitwert?

Nein, **Zinsen sind Nebenforderungen**, die nach *§ 4 Abs. 1 ZPO* bei der Berechnung des Streitwerts unberücksichtigt bleiben.

» Wer legt den Gebührenstreitwert fest?

Der Gebührenstreitwert wird vom Gericht zunächst für die Gebühren, die im Voraus zu entrichten sind, per Beschluss vorläufig festgelegt. Nach der Entscheidung des Rechtsstreits erfolgt die **endgültige Streitwertfestsetzung** ebenfalls durch das Gericht per Beschluss.

» Was versteht man unter einem Spruchkörper?

Ein Spruchkörper ist ein **rechtsprechendes Organ eines Gerichts**. Der Spruchkörper eines Landgerichts ist die Kammer; der Spruchkörper eines Oberlandesgerichts und des Bundesgerichtshofs ist der Senat.

» Wonach richtet sich die Zuständigkeit innerhalb der Gerichte?

Welcher Spruchkörper oder Richter für die Bearbeitung einer Rechtssache zuständig ist, ergibt sich aus dem **Geschäftsverteilungsplan des jeweiligen Gerichts**. Ein hinreichend bestimmter Geschäftsverteilungsplan sichert dabei den Anspruch des Rechtsuchenden auf den gesetzlichen Richter (*Art. 101 Abs. 1 GG, § 16 GVG*).

» Wer stellt den Geschäftsverteilungsplan auf?

Nach *§ 21e GVG* ist das **Präsidium** für die Verteilung der Geschäfte zuständig. Inhaltlich regelt der Geschäftsverteilungsplan die Besetzung der jeweiligen Spruchkörper und die **Zuständigkeit für eingehende Rechtssachen**. Das Präsidium setzt sich zusammen aus dem Präsidenten des jeweiligen Gerichts sowie einer gewissen Anzahl von gewählten Richtern (*§ 21a GVG*).

Wichtige Normen

Mit den *§§ 21a ff. GVG* hat sich ein Referendar in aller Regel noch nie im Rahmen der Ausbildung beschäftigt. Bei der Durchsicht der Protokolle ist allerdings aufgefallen, wie oft Fragen zum Geschäftsverteilungsplan gestellt werden. Dies gilt nicht nur aber vor allem dann, wenn der Prüfer Präsident eines Gerichts ist.

Es ist daher dringend anzuraten, die *§§ 21a ff. GVG* einfach mal durchzulesen, um einen Überblick hierzu zu erhalten.

» Kann der Geschäftsverteilungsplan jederzeit geändert werden?

Gerade weil vor Eingang einer Rechtssache unwillkürlich feststehen muss, welcher Spruchkörper für die Bearbeitung zuständig ist („gesetzlicher Richter"), ist eine Änderung des Geschäftsverteilungsplans **grundsätzlich nur zu jedem Jahresbeginn per Beschluss** möglich. Der Geschäftsverteilungsplan tritt mit Ende eines Jahres ohne weiteres außer Kraft. Nach Beginn eines Geschäftsjahres ist eine Änderung des Plans nur unter den besonderen Voraussetzungen des *§ 21e Abs. 3 GVG* möglich.*

» Wann wird eine Rechtsstreitigkeit in 1. Instanz beim Landgericht auf einen Einzelrichter übertragen?

Grundsätzlich immer. Dies folgt aus *§§ 348, 348a ZPO*. Der Einzelrichter kann aber die **Übernahme der Rechtssache durch die Kammer** bean-

* Nach § 21e Abs. 3 GVG sind Änderungen nur möglich, wenn dies wegen Überlastung oder ungenügender Auslastung eines Richters oder infolge Wechsels oder dauernder Verhinderung einzelner Richter nötig wird. Vor der Änderung ist den Vorsitzenden Richtern, deren Spruchkörper von der Änderung der Geschäftsverteilung berührt wird, Gelegenheit zu einer Äußerung zu geben.

tragen, wenn die Sache besondere Schwierigkeiten aufweist, die Rechtssache grundsätzliche Bedeutung hat oder die Parteien dies übereinstimmend beantragen.

» *Wonach bestimmt sich, wer eine Rechtssache als Einzelrichter übertragen bekommt?*

Auch **innerhalb eines Spruchkörpers** wird ein Plan aufgestellt, der die eingehenden Geschäfte eindeutig auf die Mitglieder des Spruchkörpers verteilt. Diese Geschäftsverteilung erfolgt **per Beschluss** aller dem Spruchkörper angehörenden Berufsrichter (*§ 21g GVG*).

Grundsätze des Zivilprozesses

Auch in den Protokollen der zivilrechtlichen Prüfungen finden sich regelmäßig Fragen zu den **grundlegenden Verfahrensmaximen**. Diese muss man auf Nachfragen nennen und erläutern können. Zudem sollte man die Normen kennen, die den jeweiligen Verfahrensgrundsatz in der ZPO zum Ausdruck bringen.

» *Dispositionsmaxime*

Als Ausfluss der Parteiherrschaft beschreibt die Dispositionsmaxime, dass nur der Kläger mit dem Klageantrag und dem Klagegrund **den Streitgegenstand bestimmen** kann; nur die Parteien können durch Rechtsmittel das Verfahren wiedereröffnen; und mittels Anerkenntnis *(§ 307 ZPO)*, Vergleich (*§ 704 ZPO*) oder Rücknahme (*§§ 269, 516, 565 ZPO*) liegt es allein in der Macht der Parteien, das **kontradiktorische Verfahren zu beenden**.

Dispositionsmaxime vs. Offizialmaxime

Der Gegensatz zur Dispositionsmaxime ist die Offizialmaxime, die im Strafverfahren gilt und Gang und Inhalt des Verfahrens der Herrschaft der Beteiligten weitestgehend entzieht.

» *Verhandlungs- und Beibringungsgrundsatz*

Die **Beibringung des Tatsachenstoffes** obliegt allein den Parteien, nicht aber dem Richter. Dementsprechend darf das Gericht Tatsachen, die nicht von einer Partei vorgetragen worden sind, bei der Entscheidung nicht berücksichtigen. Der Beibringungsgrundsatz bezieht sich bei bestrittenen Tatsachen **auch auf die Beweismittel**, sodass das Gericht grundsätzlich

Beweis nur erheben kann, wenn die beweispflichtige Partei ihn angeboten hat.

Die **Herrschaft der Parteien** über den Tatsachenstoff im Zivilverfahren findet im materiellen Recht seine Entsprechung in der Freiheit, Rechte auszuüben und über Rechte bzw. Ansprüche verfügen zu können. Ausdruck findet der Verhandlungs- und Beibringungsgrundsatz **zB in** ***§ 138 ZPO***, wonach sich die Parteien vollständig – und der Wahrheit entsprechend – über die streitentscheidenden Tatsachen zu erklären haben.

» Grundsatz der Mündlichkeit

Der schriftliche Akteninhalt bereitet lediglich die mündliche Verhandlung vor und kündigt Sachvortrag und Klageantrag nur an. Prozessrechtlich erheblich ist nach *§ 128 ZPO* **allein der mündliche Parteivortrag**. Selbstverständlich ist der Vortrag in der mündlichen Verhandlung vom Gericht **vollumfänglich zu berücksichtigten**; dies gilt auch für den Vortrag, der in den vorbereiteten Schriftsätzen nicht angekündigt worden ist.

Ein Unteraspekt dieser Verfahrensmaxime ist der **Grundsatz der Einheit der mündlichen Verhandlung**. Danach ist es unerheblich, wann Vortrag in den Schriftsätzen angekündigt wird und in welchen mündlichen Verhandlungsterminen er erfolgt. Maßgeblich sind nur die Anträge und der Sachverhalt, soweit die Parteien an diesem in der letzten mündlichen Verhandlung festhalten.

Ausnahmen und Grenzen der Prozessmaximen

Nicht immer, aber oftmals möchten Prüfer nicht nur einen Verfahrensgrundsatz – inklusive Normbezug – erläutert haben, sondern auch die Grenzen und Ausnahmen zu der Maxime genannt bekommen.

> Eine wichtige gesetzliche Ausnahme zum Grundsatz der Mündlichkeit findet sich in *§ 128a ZPO*: Danach kann das Gericht auf Antrag der Parteien oder von Amts wegen gestatten, dass sich die Parteien bzw. deren Prozessbevollmächtigten „während der mündlichen Verhandlung an einem anderen Ort aufhalten und dort Verfahrenshandlungen vornehmen". Im Zivilprozess ist also die Verhandlung per Bild- und Tonübertragung möglich.
>
> Gerade während der Corona-Pandemie wurde von dieser Möglichkeit vermehrt Gebrauch gemacht. Die Vorschrift wurde aber nicht wegen der Pandemie kurzfristig in die ZPO aufgenommen; vielmehr existiert die Norm bereits seit der ZPO-Reform im Jahr 2002.

» *Grundsatz der Unmittelbarkeit*

Verhandlung und Beweisaufnahme müssen grundsätzlich **unmittelbar vor dem erkennenden Gericht** und ohne Dazwischentreten einer richterlichen Mittelsperson stattfinden. Normiert ist der Unmittelbarkeitsgrundsatz u.a. in *§ 309 ZPO*.*

» *Grundsatz der Beschleunigung*

Der Beschleunigungsgrundsatz (**Konzentrationsmaxime**) gibt Parteien und Gericht auf, den Prozess zügig voranzutreiben. Ausdruck findet dieser Grundsatz in *§ 272 ZPO*, wonach der Rechtsstreit möglichst in einem Haupttermin zu erledigen ist.

* § 309 ZPO lautet: „Das Urteil kann nur von denjenigen Richtern gefällt werden, welche der dem Urteil zugrunde liegenden Verhandlung beigewohnt haben."

Die Prozessförderungspflicht **trifft das Gericht sowie die Parteien gleichermaßen**: So hat der Richter eine mündliche Verhandlung umfassend vorzubereiten und kann dafür insbesondere Anordnungen gemäß *§ 273 Abs. 2 ZPO* treffen.* Die Parteien sind insbesondere verpflichtet, Behauptungen, Einwendungen und Beweismittel **zeitig vorzubringen** (vgl. *§ 282 ZPO*), da anderenfalls die Zurückweisung des verspäteten Vorbringens droht (vgl. *§ 296 ZPO*).

» *Öffentlichkeitsgrundsatz*

Aus dem Grundsatz der Öffentlichkeit des Verfahrens (*§§ 169 ff. GVG*) folgt, dass der Zivilprozess **öffentlich stattfindet**. Eine „Geheimjustiz" soll dadurch verhindert werden. Dem Grundsatz der Öffentlichkeit ist genüge getan, wenn sich jedermann ohne Schwierigkeiten über anstehende mündliche Verhandlungen bei allen Gerichten informieren kann und der Zutritt im Rahmen der tatsächlichen Gegebenheiten jedermann möglich ist.

Der Öffentlichkeitsgrundsatz gilt für alle Verhandlungen, Beweisaufnahmen sowie die Verkündung von Urteilen und Beschlüssen. Andererseits sind **Rundfunk- und Filmaufnahmen** während der Verhandlung grundsätzlich unzulässig, da sie den Prozess beeinflussen könnten (*§ 169 Abs. 1 S. 2 GVG*).

Reform der Vorschriften zu Ton- und Filmaufnahmen

Nach langer Diskussion wurde *§ 169 GVG* mit Wirkung zum 18.04.2018 etwas gelockert: Nunmehr kann die Tonübertragung in einen Arbeits-

* Praktisch relevant sind insbesondere das Setzen von Fristen zur Erläuterung bzw. Ergänzung von Schriftsätzen (Nr. 1) sowie die Ladung von Zeugen und Sachverständigen zur mündlichen Prüfung (Nr. 4).

raum für Personen, die für Presse, Hörfunk, Fernsehen oder für andere Medien berichten, vom Gericht zugelassen werden (*§ 169 Abs. 1 S. 3 GVG*). Zudem kann der entscheidende Senat beim Bundesgerichtshof für die Verkündung seiner Entscheidungen in besonderen Fällen Rundfunk- und Fernsehaufnahmen zulassen (*§ 169 Abs. 3 GVG*). Dies war bis zu der Reform gemäß *§ 17a Abs. 1 BVerfGG* nur bei Entscheidungen des Bundesverfassungsgerichts möglich.

» *Gewährung rechtlichen Gehörs*

Parteien und Nebenintervenienten dürfen sich im Prozess **zum gesamten Prozessstoff äußern**; nur solcher Prozessstoff darf der Entscheidung zugrunde gelegt werden, zu dem Gehör gewährt wurde. Die Gewährung rechtlichen Gehörs ist **verfassungsrechtlich garantiert** in *Art. 103 Abs. 1 GG*. In der Zivilprozessordnung findet diese Prozessmaxime beispielsweise Ausdruck in den *§§ 118, 137 Abs. 4 ZPO*.

Rechtsbehelfe (und -mittel) im Zivilprozess

Überdurchschnittlich oft werden in mündlichen Prüfungen die **zivilprozessrechtlichen Rechtsbehelfe** thematisiert. Vorausgesetzt wird zum einen das Wissen, welche Rechtsbehelfe und Rechtsmittel die ZPO[*] kennt. Zum anderen geht es im Rahmen der Prüfung eines bestimmten Rechtsbehelfs um die tatbestandlichen **Voraussetzungen und um die Abgrenzung** zu anderen Rechtsbehelfen.

Unsere **Auswertung der Protokolle** hat ergeben, dass dabei vor allem die Berufung und Revision, die sofortige Beschwerde, der Einspruch gegen ein Versäumnisurteil sowie die Gehörsrüge **Examensrelevanz haben**.

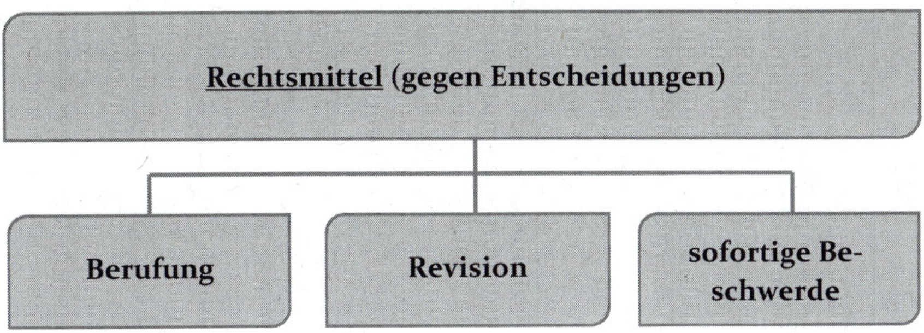

§§ 511 ff. ZPO	*§§ 542 ff. ZPO*	*§§ 567 ff. ZPO*
gegen erstinstanzliche Endurteile	gegen Endurteile des Berufungsgerichts	*insbes. gegen Beschlüsse und Verfügungen*

[*] In diesem Abschnitt geht es allein um Rechtsbehelfe im Zivilprozess, nicht um die Rechtsbehelfe im zwangsvollstreckungsrechtlichen Verfahren.

» Berufung, §§ 511 ff. ZPO / Revision, §§ 542 ff. ZPO

Die **Berufung** ist das statthafte Rechtsmittel gegen **erstinstanzliche Endurteile**. Als Ausnahme zu diesem Grundsatz kann aber nach *§ 514 ZPO* ein Versäumnisurteil, das ein Endurteil ist, nicht mit der Berufung angefochten werden. Die Berufung ist nur dann zulässig, wenn die **Berufungssumme** in der Höhe 600 € übersteigt oder aber das erstinstanzliche Gericht die Berufung ausdrücklich im Urteil zugelassen hat (*§ 511 Abs. 2 ZPO*).

Die **Revision** ist statthaft gegen **End- und Grundurteile von Berufungsgerichten**.* Erforderlich ist, dass das Berufungsgericht die Revision im Urteil zugelassen hat oder das Revisionsgericht die Zulassung nach einer entsprechenden Nichtzulassungsbeschwerde (vgl. *§ 544 ZPO*) selbst erklärt.

Die Revision ermöglicht **im Gegensatz zur Berufung** nicht eine tatsächliche, sondern nur die rechtliche Nachprüfung. Sie dient vor allem der **Wahrung einer einheitlichen Rechtsprechung**, welche ihrerseits die Rechtssicherheit festigt. Ausdruck findet dieser Unterschied im Gesetz in *§ 545 ZPO*: Danach kann eine Revision nur darauf gestützt werden, „dass die Entscheidung auf einer Verletzung des Rechts beruht".

Neben der Statthaftigkeit der Berufung bzw. Revision müssen **folgende Zulässigkeitsvoraussetzungen** gegeben sein:

- Beschwer im Zeitpunkt der Entscheidung über das Rechtsmittel,
- ggf. Erreichen des Beschwerdewerts,

* Statthaft ist die Revision unter den Voraussetzungen des § 566 ZPO auch gegen erstinstanzliche Urteile des Amts- oder Landgerichts im Rahmen einer sogenannten Sprungrevision. Die Sprungrevision hat aber in zivilrechtlichen Verfahren eine sehr geringe praktische Bedeutung.

- form- und fristgerechte Einlegung des Rechtsmittels (vgl. *§ 519 ZPO* bzw. *§ 549 ZPO*) sowie
- form- und fristgerechte Begründung des Rechtsmittels.

Schließlich darf auf die Einlegung des Rechtsmittels **nicht wirksam verzichtet** worden sowie keine Verwirkung eingetreten sein.

» Sofortige Beschwerde, §§ 567 ff. ZPO

Mit der sofortigen Beschwerde kann gegen **erstinstanzliche Entscheidungen** der Amts- und Landgerichte vorgegangen werden, wenn dies im Gesetz so ausdrücklich bestimmt ist*, sowie gegen **verfahrensleitende Beschlüsse und Verfügungen** eines Gerichts, sofern diese ohne mündliche Verhandlung ergehen können.

Hinsichtlich der **Zulässigkeitsvoraussetzungen** gelten grundsätzlich dieselben Vorgaben wie bei Berufung und Revision. Abweichend hiervon **soll** eine sofortige Beschwerde begründet werden (vgl. *§ 571 Abs. 1 ZPO*); zwingend erforderlich ist diese Begründung aber nicht.

» Wiedereinsetzung in den vorigen Stand, §§ 233 ff. ZPO

Der Wiedereinsetzungsantrag ist der statthafte Rechtsbehelf bei **unverschuldeter Nichteinhaltung** einer in *§ 233 Abs. 1 ZPO* genannten Frist für die Vornahme einer Prozesshandlung. Ein erfolgreicher Wiedereinsetzungsantrag führt nicht dazu, dass die Frist verlängert oder wiedereröffnet

* Beispiele hierfür sind: Beschluss, mit dem die Ablehnung eines Richters für unbegründet erklärt wird (§ 46 Abs. 2 ZPO); Kostenentscheidung nach § 91a bei Erledigung der Hauptsache (§ 91a Abs. 2 ZPO); Entscheidungen im Rahmen der Bewilligung von PKH (§ 127 Abs. 2, 3 ZPO); Entscheidung über die Aussetzung des Verfahrens (§ 252 ZPO).

Die wichtigsten Rechtsbehelfe gegen

Entscheidungen

- Antrag auf Protokoll-, Tatbestands- sowie Urteilsberichtigung *§§ 164, 319 ff. ZPO*
- Gehörsrüge *§ 321a ZPO*
- Einspruch gegen VU *§ 338 ZPO*
- Erinnerung *§ 573 ZPO*
- Wiederaufnahme des Verfahrens *§§ 578 ff. ZPO*
- Widerspruch gegen Mahnbescheid *§ 694 ZPO*
- Einspruch gegen Vollstreckungsbescheid *§ 700 ZPO*

Personen

- Gesuch auf Ablehnung eines Richters, Urkundsbeamten, Rechtspflegers und Sachverständigen *§§ 42 ff., 406 ZPO*

Notfristen

- Wiedereinsetzung in den vorigen Stand *§§ 233 ff. ZPO*

ist. Vielmehr fingiert die Wiedereinsetzung die Rechtzeitigkeit der nachgeholten Prozesshandlung.*

Ohne Verschulden bedeutet **Fehlen von Vorsatz und Fahrlässigkeit**. Dabei kommt es allein auf das fehlende Verschulden der Partei, des gesetzlichen Vertreters der Partei (*§ 51 Abs. 2 ZPO*) bzw. der Bevollmächtigten (*§ 85 Abs. 2 ZPO*) an; eine Zurechnung des Verschuldens Dritter findet nicht statt.

Der Wiedereinsetzungsantrag muss **innerhalb von zwei Wochen** ab dem Zeitpunkt gestellt werden, zu dem die eingetretene Säumnis hätte erkannt werden können (*§ 234 ZPO*).

(Weitere) Original-Prüfungsfragen im Zusammenhang mit den Rechtsbehelfen und Rechtsmitteln im Zivilprozess

» *Welche Rechtsmittel kennt die ZPO?*

Rechtsmittel sind die Berufung, die Revision und die sofortige Beschwerde.

» *Wodurch unterscheiden sich Rechtsmittel und Rechtsbehelfe (i.e.S.)?*

Rechtsmittel unterscheiden sich von den Rechtsbehelfen durch zwei Merkmale: Den Suspensiveffekt und den Devolutiveffekt.

Suspensiv- bzw. Hemmungswirkung bedeutet, dass die formelle Rechtskraft nicht eintritt, solange das Rechtsmittel eingelegt werden kann bzw. wenn das Rechtsmittel fristgerecht eingelegt worden ist. **Devolutiv-**

* Aus diesem Grund ist idR zeitgleich mit dem Wiedereinsetzungsantrag auch die versäumte Prozesshandlung vorzunehmen (vgl. § 236 Abs. 2 S. 2 ZPO).

bzw. Abwälzungswirkung bedeutet, dass über Rechtsmittel die nächsthöhere Instanz entscheidet. Über Rechtsbehelfe hingegen wird in der Ausgangsinstanz entschieden.

Mögliche Verknüpfungen bedenken

Geht der Prüfer auf den Unterschied von Rechtsbehelfen zu Rechtsmitteln näher ein, kommt man über den Devolutiveffekt der Rechtsmittel direkt zum Thema „Instanzenzug". Welche nächsthöhere Instanz konkret zuständig ist, haben wir Dir beim Thema „Zuständigkeit und Instanzenzug im Zivilprozess sowie Besetzung der Gerichte" dargestellt.

» *Welche Wirkung hat der Suspensiveffekt eines Rechtsmittels im Hinblick auf Rechtskraft und Vollstreckbarkeit?*

Der Suspensiveffekt hat zur Folge, dass der **Eintritt der formellen Rechtskraft** gehemmt wird, vgl. *§ 705 S. 1 ZPO*.* Trotz des Einlegens eines Rechtsmittels bleibt aber eine **vorläufige Vollstreckung** aus der zugrunde liegenden Entscheidung unter den Voraussetzungen der *§§ 708, 709 ZPO* möglich.

» *Können Urteile vor Ablauf der Rechtsmittelfrist rechtskräftig werden?*

Ja, sofern beide Parteien wirksam auf das Einlegen von Rechtsmitteln verzichtet haben.

» *Die Berufung ist nur gegen erstinstanzliche Endurteile statthaft. Welche Arten von Urteilen gibt es noch?*

* Die formelle Rechtskraft einer Entscheidung kann beseitigt werden durch eine Wiedereinsetzung (§ 233 ZPO), eine Anhörungsrüge (§ 321a ZPO) sowie durch eine Wiederaufnahmeklage (§ 578 ZPO).

Wenn man hinsichtlich des **Gegenstandes des Rechtsschutzbegehrens** differenziert: Leistungsurteil, Feststellungsurteil und Gestaltungsurteil.

Wenn man hinsichtlich der **Rechtskraftwirkung** differenziert: Prozessurteile, die nur über die Zulässigkeit der Klage entscheiden, sowie Sachurteile, die in der Sache selbst entscheiden.

Wenn man nach dem **Zustandekommen** differenziert: Streitige Urteile und Versäumnisurteile.

Wenn man nach der **Wirkung** differenziert: Neben dem Endurteil – sowie dem Teilurteil als Unterfall des Endurteils (*§ 301 ZPO*) – gibt es noch Zwischenurteile (*§ 303 ZPO*) und Vorbehaltsurteile (*§ 302 ZPO*).

Wichtig

Dir sitzen in der Prüfung Praktiker gegenüber. Die Urteilsbezeichnungen und deren Bedeutung bzw. Abgrenzung müssen sitzen!

» *Eine Berufung ist nur nach Erreichen der Berufungssumme zulässig. Gibt es in der ZPO auch eine vergleichbare Revisionssumme?*

Früher gab es eine solche Revisionssumme; diese lag bei 60.000 DM. Inzwischen ist zwar die Revisionssumme aufgehoben worden. Dafür gibt es nun eine Wertgrenze für die **Beschwerde gegen die Nichtzulassung der Revision**, die bei 20.000 Euro liegt (vgl. *§ 544 Abs. 2 Nr. 1 ZPO*).*

* Die Wertgrenze gibt es bereits seit dem Jahr 2002. Bis Ende 2019 war Rechtsgrundlage dieser Wertgrenze jedoch die Vorschrift des § 26 Nr. 8 EGZPO, dessen Geltung stets zeitlich befristet war und vom Gesetzgeber regelmäßig verlängert werden musste.

» Ein streitiges Urteil wird versehentlich als Versäumnisurteil bezeichnet. Welcher Rechtsbehelf ist dann zulässig?

In einem solchen Fall gilt der **„Grundsatz der Meistbegünstigung“**. Gegen ein solches Urteil ist sowohl der Einspruch als auch – und entgegen des Wortlauts des *§ 514 ZPO* – die Berufung statthaft.

» Was besagt das „Verschlechterungsverbot“ im Rechtsmittelrecht?

Das **Verbot der „reformatio in peius“** besagt, dass das Berufungsgericht das Ersturteil nicht zum Nachteil des Berufungsklägers abändern darf.**

Das Verschlechterungsverbot hat seine rechtliche Grundlage in der **Dispositionsmaxime des Zivilprozesses**: Danach ist das Berufungsgericht an den Antrag des Berufungsklägers gebunden und darf nicht mehr und nichts anderes zusprechen, als der Berufungskläger beantragt hat.

» Wer entscheidet über einen Antrag auf Ablehnung des Richters wegen Besorgnis der Befangenheit?

Die Entscheidung über den Antrag obliegt nicht dem nächsthöheren Gericht, sondern über den Antrag entscheidet gemäß *§ 45 ZPO* **das Gericht, dem der Abgelehnte angehörte** – natürlich ohne dessen Mitwirkung. Richtet sich die Ablehnung gegen einen Richter am Amtsgericht, entscheidet über den Antrag ein anderer Richter des Amtsgerichts.

» Der Antrag auf Ablehnung des Richters wegen Besorgnis der Befangenheit wird zurückgewiesen. Wie kann man gegen diese Entscheidung vorgehen?

** Etwas anderes gilt nur dann, wenn der Berufungsbeklagte eine Anschlussberufung gemäß § 524 ZPO eingelegt hat.

Die Entscheidung über das Ablehnungsgesuch ergeht durch Beschluss. Gegen diesen Beschluss ist die **sofortige Beschwerde** das statthafte Rechtsmittel (*§ 46 Abs. 2 ZPO*).

» *Wie lautet der lateinische Begriff für das Gericht der nächsthöheren Instanz, welches über Rechtsmittel entscheidet?*

Die Bezeichnung lautet „iudex ad quem“. Dagegen wird das Gericht der Ausgangsinstanz, das über Rechtsbehelfe entscheidet, „iudex a quo“ genannt.

Pluspunkte sammeln

Es ist erstaunlich zu sehen, in wie vielen Protokollen sich die Prüfer laut Verfasser darüber gefreut haben, wenn man diese lateinischen Begriffe nennen konnte. Also Pluspunkte sammeln und Fachvokabular verwenden, wenn es um das Gericht geht, das über einen Rechtsbehelf bzw. ein Rechtsmittel entscheidet!

» *Was ist die Besonderheit einer Notfrist und wann wird eine Frist zur Notfrist?*

Die Besonderheit einer Notfrist liegt darin, dass diese **weder verlängert noch verkürzt werden kann** (*§ 224 ZPO*). Charakteristisch ist zudem, dass sie trotz Ruhens des Verfahrens weiter abläuft (*§ 251 Satz 2 ZPO*).

Eine Frist ist nur dann eine Notfrist, wenn sie **vom Gesetz als solche bezeichnet** ist. Wurde eine Notfrist versäumt, kommt allenfalls eine Wiedereinsetzung in den vorigen Stand nach den *§§ 233 ff. ZPO* in Betracht.

» *Warum ist es im Rahmen der Prüfung des Wiedereinsetzungsantrags entscheidend, ob der Anwalt oder eine Büroangestellte des Anwalts die Fristversäumung verschuldet hat?*

Der Partei werden Anwaltsfehler – und auch Fehler von Sozien oder juristischen Mitarbeitern – gemäß *§ 85 Abs. 2 ZPO* zugerechnet. Die Partei muss sich jedoch **keine Fehler von Erfüllungsgehilfen des Anwalts** (Büroangestellte) zurechnen lassen, da *§ 278 BGB* in der ZPO nicht gilt. In der Praxis geht es dementsprechend in aller Regel um die Frage, ob dem Anwalt **ein Organisations- und Überwachungsverschulden** hinsichtlich seiner Angestellten vorgeworfen werden kann.

Prüfungsgespräch zur Wiederholung und Vertiefung

Mit diesem Zwischenprüfungsgespräch möchten wir Dir die Möglichkeit geben, die **Inhalte der vorangegangenen Kapitel** zu wiederholen und zu vertiefen.*

» Sie sind Richter und haben eine neue Akte auf dem Tisch liegen. Was machen Sie als erstes?

Ich prüfe, ob ich für die Bearbeitung der Akte überhaupt **zuständig** bin.

» Richtig. Welche Arten der Zuständigkeit kennt denn die Zivilprozessordnung?

Zum einen gibt es die **sachliche Zuständigkeit**, die bestimmt, welches Gericht den Rechtsstreit zu bearbeiten hat. Nach *§ 1 ZPO* finden sich die Regelungen zur sachlichen Zuständigkeit im GVG. Zum anderen entscheiden die **Regelungen zur örtlichen Zuständigkeit** nach den *§§ 12-35 ZPO*, welches Gericht wegen seines örtlichen Sitzes die Sache zu erledigen hat.

Darüber hinaus gibt es die **funktionelle Zuständigkeit**, die sich darauf bezieht, welches Rechtspflegeorgan in ein und derselben Rechtssache tätig zu werden hat. Schließlich wird nach der **internationalen Zuständigkeit** die Frage der Zuständigkeit aller Gerichte eines Landes im Vergleich zu den Gerichten anderer Staaten beantwortet.

---

* Wie alle Fragen in diesem Buch wurden auch die folgenden Fragen exakt in dieser Form von Prüfern in der mündlichen Prüfung im 2. Staatsexamen gestellt.

» *Welche Möglichkeit haben Sie, wenn Sie nach Ihrer Prüfung feststellen, dass Sie für die Bearbeitung der Akte unzuständig sind?*

Wenn die Voraussetzungen der *§§ 281, 506 ZPO* gegeben sind, also insbesondere ein entsprechender Antrag des Klägers vorliegt, werde ich die Sache **an das zuständige Gericht verweisen**. Der Verweisungsbeschluss ist für das Gericht, an das verwiesen wurde, bindend. Es kann weder die Rechtssache an das erste Gericht zurückverweisen, noch die Sache an ein drittes Gericht weiterverweisen.

Zuständigkeit eines anderen Gerichtszweiges

Im Verhältnis zu anderen Gerichtszweigen bzw. im Verhältnis zwischen Zivilgericht, Familiengericht und freiwilliger Gerichtsbarkeit gilt nicht *§ 281 ZPO*, sondern die Vorschrift des *§ 17a GVG*. Nach Absatz 2 der Norm hat dann eine Verweisung von Amts wegen zu erfolgen.

» *Wir gehen im Folgenden von Ihrer Zuständigkeit als Richter aus. Wie hat die Akte – es geht um eine Zahlungsklage – den Weg auf Ihren Schreibtisch gefunden?*

Die Klageschrift hat bei Gericht zunächst einen Posteingangsstempel erhalten. Anschließend wurde sie entsprechend der **Vorschriften des Geschäftsverteilungsplans** an den zuständigen Spruchkörper weitergeleitet.

Sofern für die Bearbeitung der Klage eine Kammer des Landgerichts zuständig ist, die Sache aber auf einen **Einzelrichter zur Entscheidung** übertragen wurde, richtet sich die Zuständigkeit des Einzelrichters gemäß *§ 21g GVG* nach dem internen Geschäftsverteilungsplan der Kammer.

§ *21g GVG* lautet:

„Innerhalb des mit mehreren Richtern besetzten Spruchkörpers werden die Geschäfte durch Beschluss aller dem Spruchkörper angehörenden Berufsrichter auf die Mitglieder verteilt. Bei Stimmengleichheit entscheidet das Präsidium."

» *Genau so ist es. Da Sie bereits auf den Geschäftsverteilungsplan zu sprechen gekommen sind: Wer stellt diesen Plan auf?*

Nach *§ 21a GVG* ist hierfür das **Präsidium des Gerichts** zuständig. Das Präsidium besteht aus dem Präsidenten des Gerichts sowie einer bestimmten Anzahl an gewählten Richtern.

» *Hat eigentlich jedes Gericht einen Präsidenten?*

Nein, insbesondere kleine Amtsgerichte haben **oftmals keine Präsidenten**. Sofern auch kein Präsident eines anderen Gerichts die Dienstaufsicht über das entsprechende Amtsgericht ausübt, wird einem der Richter dieses Amtsgerichts gemäß *§ 22 Abs. 3 S. 2 GVG* die Dienstaufsicht übertragen. Dieser Richter ist dann der „Direktor des Amtsgerichts".

» *Können Sie mir Kriterien nennen, nach denen im Rahmen eines Geschäftsverteilungsplans die eingehenden Rechtssachen auf die jeweiligen Spruchkörper verteilt werden?*

Zum einen kann für die Zuständigkeit die **Rechtsmaterie der jeweiligen Rechtssache** entscheidend sein. So sind zB nach *§ 72a GVG* bei den Landgerichten seit dem 01.01.2018 zwingend Spezialkammern für gewisse Sachgebiete zu bilden, u.a. für Streitigkeiten aus Bank- und Finanzgeschäften und Streitigkeiten aus Versicherungsvertragsverhältnissen. Zum anderen ist die **turnusmäßige Verteilung** der eingehenden Rechtssachen nach dem Aktenzeichen möglich. Entscheidend für die Zuständigkeit ist dann der Zeitpunkt des Eingangs der Sache bei Gericht. Denkbar wäre schließlich auch die **Verteilung nach dem Anfangsbuchstaben** des Nachnamens vom Kläger oder Beklagten.

» Können Sie sich vorstellen, worin das Problem liegt, wenn man für die Zuständigkeit auf den Anfangsbuchstaben des Nachnamens vom Kläger bzw. Beklagten zurückgreift?

Sofern der Nachname entscheidend sein soll, besteht das grundsätzliche Problem, dass eine **ungleiche Verteilung** der Häufigkeit von Namen in Bezug auf die einzelnen Buchstaben existiert. Ist der Nachname des Beklagten ausschlaggebend und richtet sich die **Klage gegen mehrere Personen**, könnte der Kläger durch die Wahl des Beklagten zu 1 Einfluss auf die Zuständigkeit nehmen. Und würde sich die Zuständigkeit des Spruchkörpers nach dem Anfangsbuchstaben des Klägers richten, könnte man auf die Verteilung der Rechtssache Einfluss nehmen, indem man den Anspruch an einen **anderen Kläger mit anderem Namen abtritt**.

» Wäre es zulässig, wenn sich die Kammer im Rahmen ihres internen Geschäftsverteilungsplans darauf einigt, dass sich die Zuständigkeit des Einzelrichters nach dem (ersten) Hauptverhandlungstermin der Sache richtet?

Nein. Der Anspruch auf den gesetzlichen Richter nach *Art. 101 GG* ist nur dann gesichert, wenn **zum Zeitpunkt der Klageeinreichung** anhand der Geschäftsverteilungspläne des Gerichts bzw. der Kammern eindeutig ermittelt werden kann, wer für die Entscheidung zuständig ist. Da die Terminierung der Verhandlungen im Ermessen der Richter liegt, könnten diese auf die Verteilung der Geschäfte Einfluss nehmen.

Examensrelevante Normen

Fragen zum Geschäftsverteilungsplan und die Regelungen in den *§§ 21 ff. GVG* sind tatsächlich sehr oft in den Protokollen zu mündlichen

> Prüfungen im 2. Examen zu finden. Mit diesen Fragen muss man sich im Rahmen der Vorbereitung auseinandergesetzt haben.

» Nachdem geklärt ist, wie die Zahlungsklage auf Ihren Schreibtisch gelangt ist: Wie gehen Sie nun weiter vor?

Zunächst prüfe ich, ob der **Gerichtskostenvorschuss** nach *§ 12 GKK* eingezahlt worden ist.

» Ist es wirklich erforderlich, dass Sie das als Richter überprüfen? Können nicht die Mitarbeiter Ihrer Geschäftsstelle diese Aufgabe übernehmen und Ihnen die Klageschrift erst dann vorlegen, wenn der Vorschuss eingezahlt ist?

Nach *§ 12 GKG* soll die Klage erst nach Zahlung der Gebühr für das Verfahren zugestellt werden.* Nach dem Wortlaut der Norm handelt es sich um eine **Ermessensentscheidung**. Die Ausübung dieses Ermessens muss aber zwingend vom Richter selbst erfolgen.

» Können Sie sich Fälle vorstellen, in denen die Zustellung der Klage veranlasst wird, ohne dass ein Gerichtskostenvorschuss gezahlt wurde?

Ja, dies ist insbesondere dann der Fall, wenn dem Kläger PKH bewilligt wurde bzw. wenn es sich um eine **eilbedürftige Rechtssache** handelt. Dies ergibt sich aus den Ausnahmetatbeständen des *§ 14 Nr. 1, 3 GKG.*

* Zwar sind nach § 6 Abs. 1. S. 1 Nr. 5 GKG die Gebühren auch in Prozessverfahren vor den Gerichten der Verwaltungsgerichtsbarkeit mit der Einreichung der Klage fällig. Da es aber keine dem § 12 KGK entsprechende Vorschrift gibt, wird im Verwaltungsprozess die Zustellung der Klage nicht von der Zahlung eines Vorschusses abhängig gemacht.

» Richtig. Wenn der Gerichtskostenvorschuss grundsätzlich Voraussetzung für die Zustellung der Klage ist, mit welchen prozessualen Verfahrensstadien einer Klage hängt die Zahlung der Gebühren dann zusammen? Können Sie sich vorstellen auf welche Begriffe ich hinaus möchte?

Ich könnte mir vorstellen, dass Ihre Frage auf die Begriffe der **Anhängigkeit** einer Klage einerseits und der **Rechtshängigkeit** andererseits abzielen.

» Genau so ist es! Was bedeuten denn diese beiden Begriffe und wo ist hierzu etwas in der Zivilprozessordnung geregelt?

Eine Klage ist **anhängig**, sobald die Klageschrift mit dem in *§ 253 Abs. 2 ZPO* Inhalt bei Gericht eingereicht worden ist. Erst mit Zustellung der Klageschrift tritt die **Rechtshängigkeit** der Klage ein. Die Einreichung der Klageschrift sowie die anschließende Zustellung der Klage sind die Bestandteile der „**Erhebung der Klage**" iSd *§ 261 Abs. 1 ZPO*.

» Und was sind die prozessrechtlichen sowie materiell-rechtlichen Wirkungen der Rechtshängigkeit eines Rechtsstreits?

Die **prozessualen Folgen** ergeben sich aus *§ 261 Abs. 3 ZPO*: Es gilt ein Verbot der doppelten Rechtshängigkeit. Ist also eine Rechtssache bereits an einem Gericht rechtshängig, kann diese **von keiner Partei anderweitig anhängig** gemacht werden. Die wichtigste materiell-rechtliche Wirkung ist die Hemmung der Verjährung gemäß *§ 204 Abs. 1 Nr. 1 BGB*, wobei diese Wirkung aufgrund des *§ 167 ZPO* auf den **Zeitpunkt des Eingangs der Klage „vorwirkt"**.

» Bei der Überprüfung stellen Sie fest, dass der Gerichtskostenvorschuss gezahlt worden ist. Welche Entscheidung zum weiteren Verfahren haben Sie nun zu treffen?

Als Richter entscheide ich darüber, ob ich einen **frühen ersten Termin** anordne oder ein **schriftliches Vorverfahren**. Die Terminierung eines frühen ersten Termins nach *§ 275 ZPO* ist insbesondere bei einfach gelagerten Sachverhalten sinnvoll bzw. bei Rechtsstreitigkeiten, bei denen Aussicht auf eine schnelle Einigung der Parteien besteht. Bei **eher komplizierten Sachverhalten** bietet es sich dagegen an, das schriftliche Vorverfahren gemäß *§ 276 ZPO* anzuordnen. Die Parteien erhalten so die Gelegenheit, zunächst wechselseitig zum Sachverhalt per Schriftsatz vorzutragen.

» *Das haben Sie richtig ausgeführt und erläutert. Gehen Sie mal davon aus, es handelt sich um eine einfach gelagerte Zahlungsklage mit einem Streitwert von etwa 500 €. Kennen Sie eine dritte Möglichkeit, wie das kontradiktorische Verfahren durch Sie als Richter geführt werden könnte?*

Sofern der Streitwert 600 € nicht übersteigt, kommt ein **Verfahren nach billigem Ermessen** nach *§ 495a ZPO* in Betracht.*

» *Korrekt! Was sind die Möglichkeiten und Vorteile dieses Verfahrens nach billigem Ermessen?*

Der Richter muss die Parteien zunächst **darauf hinweisen**, dass er abweichend vom Regelverfahren ein Verfahren nach billigem Ermessen gemäß *§ 495a ZPO* durchführen wird. Möglich ist es ihm dann, eine Entscheidung nach vorausgehendem schriftlichem Verfahren – unter Verzicht auf eine mündliche Verhandlung – zu treffen. Nach Satz 2 der Vorschrift muss nämlich **nur dann zwingend mündlich verhandelt** werden, wenn eine der Parteien dies beantragt.

---

* § 495a ZPO gilt nicht für Verfahren vor dem Landgericht und den Arbeitsgerichten (vgl. § 46 Abs. 2. S. 2 ArbGG).

» Welche verfahrensrechtlichen Grundsätze des Zivilprozesses werden durch das Verfahren nach § 495a ZPO beeinträchtigt bzw. durch dieses sogar durchgesetzt?

Auf der einen Seite stellt das Verfahren nach billigem Ermessen einen Eingriff in das **Mündlichkeitsprinzip** dar. Denn nach *§ 128 Abs. 1 ZPO* ist grundsätzlich eine mündliche Verhandlung vor dem erkennenden Gericht vorgesehen. Ohne eine solche mündliche Verhandlung darf eigentlich keine Entscheidung ergehen. Ein **rechtswidriger Verstoß** gegen den Grundsatz der Mündlichkeit liegt aber in dem Verfahren nach *§ 495a ZPO* dennoch nicht vor, da es den Parteien unbenommen bleibt, einen Antrag auf Durchführung der mündlichen Verhandlung zu stellen.

Auf der anderen Seite verwirklicht das Verfahren nach billigem Ermessen den in allen Verfahrensordnungen niedergelegten **Grundsatz der Beschleunigung**. Gerade der mögliche Verzicht darauf, mündlich zur Sache zu verhandeln, kann zu einer schnelleren Entscheidung in der Rechtssache führen.

» Sehen Sie auch bei Streitwerten über 600 € die Möglichkeit, ohne Durchführung einer mündlichen Verhandlung zu entscheiden?

Ja, dies ist aber nur unter den Voraussetzungen des *§ 128 Abs. 2 ZPO* möglich. Erforderlich hierfür ist die **ausdrückliche Zustimmung beider Parteien**. Liegt diese Zustimmung vor, setzt das Gericht den Parteien eine Frist zum Einreichen von Schriftsätzen und bestimmt den Verkündungstermin.

» Sie entscheiden sich dafür, einen frühen ersten Termin zu bestimmen. Welche Fristen müssen Sie bei der Bestimmung des Datums, an dem die mündliche Verhandlung stattfinden soll, beachten?

Als Richter muss ich zum einen die **Einlassungsfrist** gemäß *§ 274 Abs. 3 ZPO* berücksichtigen. Danach muss zwischen der Zustellung der Klageschrift und dem Termin zur mündlichen Verhandlung ein Zeitraum von **mindestens zwei Wochen** liegen. Zum anderen muss ich die **Ladungsfrist** beachten, die sich aus *§ 217 ZPO* ergibt und bestimmt, wie viele Tage zwischen der Ladung und dem Terminstag liegen müssen.

Fristen im schriftlichen Vorverfahren

Ordnet ein Richter das schriftliche Vorverfahren an, ergeben sich die vom Beklagten zu beachtenden Fristen ausschließlich aus *§ 276 ZPO*: Der Beklagte hat innerhalb einer Notfrist von zwei Wochen nach Zustellung seine Verteidigungsbereitschaft anzuzeigen. Zudem wird ihm vom Gericht eine Frist von (mindestens) zwei weiteren Wochen zur schriftlichen Klageerwiderung gesetzt.

» Was muss man als Richter bei Wahl des frühen ersten Termins – neben der Terminsbestimmung – in der Regel noch verfügen?

Entsprechend dem **Zweck des frühen ersten Termins**, eine Einigung der beiden Parteien herbeizuführen, wird man nach den *§§ 278 Abs. 3, 273 Abs. 2 Nr. 3 ZPO* das persönliche Erscheinen der Parteien anordnen. Denn gemäß *§ 278 Abs. 2 ZPO* geht der mündlichen Verhandlung eine sogenannte **„Güteverhandlung“** voraus, in der das Gericht die Möglichkeit für einen Vergleich auslotet bzw. auf eine gütliche Einigung der Parteien hinwirkt.

» Ist eine solche Güteverhandlung eigentlich zwingend durchzuführen?

Grundsätzlich schon. Auf die Güteverhandlung kann gemäß *§ 278 Abs. 2 S. 1 ZPO* nur dann **verzichtet werden**, wenn nach dem Inhalt der Klage, Klageerwiderung oder sonstiger Replik eine gütliche Beilegung des Rechtsstreits ausgeschlossen erscheint.

» *Eben sind wir bereits auf den Grundsatz der Mündlichkeit sowie den Beschleunigungsgrundsatz als Prozessmaximen zu sprechen gekommen. Welche Verfahrensgrundsätze sind noch für den Zivilprozess prägend?*

Prägende Verfahrensgrundsätze sind zum einen die **Dispositionsmaxime** und zum anderen der Verhandlungs- und Beibringungsgrundsatz. Die Dispositionsmaxime unterstreicht, dass allein die Parteien die **Herrschaft über das Verfahren** innehaben. Nur die Parteien bestimmen den Streitgegenstand und können über das Verfahren zB mittels Klagerücknahme nach *§ 269 ZPO* oder Anerkenntnis nach *§ 307 ZPO* verfügen. Der **Beibringungsgrundsatz** bringt zum Ausdruck, dass es allein die Aufgabe der Parteien ist, die streitentscheidenden Tatsachen bzw. Beweismittel zu benennen.

» *Was ist denn das Pendant zur Dispositionsmaxime im materiellen Recht?*

Im materiellen Recht findet die Dispositionsmaxime ihre Entsprechung in der **Vertragsfreiheit** und Privatautonomie.

» *Warum ist es denn nach der Wertung des Gesetzgebers gerechtfertigt, dass es im Zivilprozess keinen Amtsermittlungsgrundsatz gibt?*

Anders als im Strafrecht und im Öffentlichen Recht gibt es im Zivilrecht **kein öffentliches Interesse** zur Führung eines bestimmten Verfahrens. Aus diesem Grund ist es sachgerecht, dass die Beibringung der Tatsachen und Beweismittel allein den Parteien obliegt.

» *Das ist richtig. Im Aktenzeichen Ihrer Akte findet sich der Buchstabe „O". Welche Rückschlüsse auf den Streitwert können Sie aus dieser Angabe ziehen?*

Das „O" als Registerzeichen steht für Verfahren **allgemeiner Zivilsachen am Landgericht in 1. Instanz**. Der Streitwert wird also höchstwahrscheinlich mehr als 5.000 € betragen.

» Welche Streitwertarten gibt es neben dem gerade angesprochenen Zuständigkeitsstreitwert noch?

Vom Zuständigkeitsstreitwert zu unterscheiden sind neben dem **Rechtsmittelstreitwert** auch der Gebührenstreitwert. Unter dem Rechtsmittelstreitwert versteht man den Wert des Beschwerdegegenstandes. Und der **Gebührenstreitwert** bestimmt, wie hoch die an das Gericht bzw. an die beteiligten Rechtsanwälte zu zahlenden Gebühren für das Verfahren ausfallen.

» Bitte erläutern Sie – ausgehend von Ihrer Zuständigkeit als Richter am Landgericht in 1. Instanz – den weiteren Instanzenzug und nennen Sie dabei auch die jeweilige Besetzung der Gerichte.

Sofern die Rechtssache nicht auf einen Einzelrichter übertragen wird, was allerdings praktisch die Regel ist, entscheidet am Landgericht in 1. Instanz eine **Kammer mit der Besetzung von drei Berufsrichtern**. Zuständig für Berufungen gegen erstinstanzliche Urteile der Landgerichte sind die **Oberlandesgerichte**. Die Senate der OLG entscheiden in der Besetzung von drei Berufsrichtern, es sei denn die Rechtssache wurde auf einen Einzelrichter übertragen. Im Falle der Revision entscheidet schließlich der **Bundesgerichtshof als Revisionsgericht**. Die Senate am BGH entscheiden in der Besetzung von fünf Richtern.

» Wie viele Senate gibt es denn am Bundesgerichtshof?

Derzeit bestehen **13 Zivilsenate und sechs Strafsenate**. Daneben gibt es beim Bundesgerichtshof acht Spezialsenate.*

* Dies sind die Senate für Landwirtschafts-, Anwalts-, Notar-, Patentanwalts-, Wirtschaftsprüfer-, Steuerberater- und Steuerbevollmächtigtensachen, der Kartellsenat und das Dienstgericht des Bundes.

Verantwortlichkeit für die Personalausstattung

Über die Anzahl der Senate entscheidet der Bundesjustizminister. Im September 2019 wurde der 13. Zivilsenat in Karlsruhe eingerichtet. Im Februar 2020 wurde dann der 6. Strafsenat am Standort Leipzig geschaffen.

» In Ihrer Aufzählung fehlte der Große Senat. Was versteht man hierunter?

Grundsätzlich existiert an jedem Bundesgericht je ein Großer Senat; lediglich am BGH gibt es gemäß *§ 132 Abs. 1 GVG* **zwei Große Senate** (einer für das Zivilrecht und einer für das Strafrecht), die gemeinsam die Vereinigten Großen Senate bilden. Der Große Senat eines Bundesgerichts dient der **Sicherung einer einheitlichen Rechtsprechung**. Möchte ein Senat von der Rechtsauffassung eines anderen Senats abweichen, fragt dieser zunächst gemäß *§ 132 Abs. 3 GVG* an, ob der andere Senat an seiner Rechtsprechung festhalten will. Sofern das der Fall ist, wird der **Große Senat des jeweiligen Gerichts** angerufen.

» Und was ist in Abgrenzung der „Gemeinsame Senat"?

Um die Einheitlichkeit der Rechtsprechung der **fünf obersten Gerichtshöfe des Bundes** zu gewährleisten, gibt es gemäß *Art. 95 Abs. 3 GG* einen gemeinsamen Senat dieser Gerichtshöfe.

***Art. 95 Abs. 3 GG* lautet:**

„Zur Wahrung der Einheitlichkeit der Rechtsprechung ist ein Gemeinsamer Senat der in Absatz 1 genannten Gerichte zu bilden. Das Nähere regelt ein Bundesgesetz*."

* Einzelheiten hierzu finden sich im „Gesetz zur Wahrung der Einheitlichkeit der Rechtsprechung der obersten Gerichtshöfe des Bundes" (RsprEinhG).

Der Gemeinsame Senat hat seinen **Sitz in Karlsruhe** und entscheidet, wenn ein oberstes Bundesgericht von der Rechtsauffassung eines anderen obersten Bundesgerichts abweichen möchte.

» Gut, kehren wir zu Ihrer Bearbeitung der Akte zurück. Nach Durchführung der mündlichen Verhandlung verurteilen Sie den Beklagten entsprechend des Klägerantrags. Welche Möglichkeiten hat nun der Beklagte?

In Betracht kommt das Rechtsmittel der **Berufung nach *§§ 511 ff. ZPO***. Die Berufung ist statthaft, da der Beklagte gegen ein erstinstanzliches Endurteil vorgehen möchte. Das Rechtsmittel ist zudem auch zulässig, da – unter Berücksichtigung des Streitwerts der Klage – die **Berufungssumme in der Höhe 600 € übersteigen** wird.

» Bei welchem Gericht muss der Anwalt des Beklagten die Berufung einreichen und welche Fristen hat er zu beachten?

Nach *§ 519 Abs. 1 ZPO* ist die Berufung beim örtlich **zuständigen Oberlandesgericht** als Berufungsgericht einzureichen.

Die Berufungsfrist beträgt gemäß *§ 517 ZPO* **einen Monat nach Zustellung** des abgefassten Urteils; sie beginnt spätestens aber mit dem Ablauf von fünf Monaten nach der Urteilsverkündung.

» Der Anwalt des Beklagten hatte dem Stationsreferendar die Führung des Fristenkalenders übertragen. Aufgrund eines Fehlers des Referendars wird die Berufungsfrist übersehen. Was kann der Rechtsanwalt nun tun?

Er kann möglicherweise nach den *§§ 233 ff. ZPO* die **Wiedereinsetzung in den vorigen Stand** beantragen. Statthaft ist dieser Rechtsbehelf, da die Berufungsfrist nach dem Wortlaut des *§ 517 ZPO* eine Notfrist ist.

Entscheidend für den Erfolg des Antrags ist, ob die Frist **ohne Verschulden des Anwalts** versäumt wurde. Denn der Beklagte als Partei des Verfahrens muss sich nach *§ 85 Abs. 2 ZPO* nur Fehler des Anwalts zurechnen lassen, nicht aber Fehler von Mitarbeitern des Anwalts, da *§ 278 BGB* in der ZPO nicht gilt.

Ein solches Verschulden des Anwalts ist grundsätzlich zu verneinen, wenn im Rahmen der Büroorganisation durch eine allgemeine Arbeitsanweisung **Vorsorge dafür getroffen wurde**, dass bei normalem Verlauf der Dinge die Frist – trotz möglicher Fehler des Rechtsanwalts – mit Sicherheit gewahrt worden wäre. Die Übertragung der Fristenkontrolle auf einen im Führen des Fristenkalenders **ausgebildeten und eingewiesenen Rechtsreferendar** führt auch nicht zu einer Erhöhung der Überwachungspflicht des Rechtsanwalts; das Gegenteil ist der Fall.*

» Wenn wir davon ausgehen, dass der Beklagte vor dem Amtsgericht zur Zahlung in Höhe von 480 € verurteilt wurde. Kann der Beklagte hiergegen auch vorgehen?

Die Berufung ist nicht per se zulässig, da der Wert des Beschwerdegegenstandes **die Grenze von 600 € nicht übersteigt**. Möglich wäre die Berufung demnach nur dann, wenn der Richter am Amtsgericht die Berufung ausdrücklich **im Urteil zugelassen** hat.

» Und wie sähen die Möglichkeiten aus, wenn der Richter in der mündlichen Verhandlung zwar andeutet, er gehe von der fehlenden Schlüssigkeit der Klage aus, den Beklagten aber schließlich dennoch zur Zahlung verurteilt?

Das Rechtsmittel der Berufung bleibt dem Beklagten dennoch verwehrt, da die Berufungssumme nicht erreicht ist. In Betracht kommt aber **eine Gehörsrüge** gemäß *§ 321a ZPO*. Diese ist statthaft, wenn gerade kein Rechtsmittel oder anderer Rechtsbehelf gegen die Entscheidung mehr

* Vgl. BGH, Beschluss vom 22.10.2013 – Az.: II ZB 7/12.

möglich sind und das Gericht den Anspruch einer Partei auf rechtliches Gehör **in entscheidungserheblicher Weise verletzt** hat.

» Sehen Sie in dem Verhalten Ihres Richterkollegen eine derartige Verletzung des rechtlichen Gehörs?

Nach *§ 139 Abs. 2 ZPO* trifft das Gericht eine richterliche Hinweispflicht, um sogenannte **Überraschungsentscheidungen** zu vermeiden. Wenn der Richter von seiner ursprünglich dargestellten Bewertung der Rechtssache nunmehr abweichen will, hätte er gerade wegen des bestehenden Verbots von Überraschungsentscheidungen dem Beklagten einen **entsprechenden Hinweis geben** und ggf. eine Frist zur schriftsätzlichen Stellungnahme einräumen müssen. Insofern ist in dem Verhalten des Richters eine Verletzung des Anspruchs des Beklagten auf rechtliches Gehör zu sehen.

» Diese Ansicht wird man so gut vertreten können. Ist die Gehörsrüge denn ein Rechtsmittel oder Rechtsbehelf?

Die Gehörsrüge ist bei dem Gericht einzureichen, das den Anspruch auf rechtliches Gehör verletzt haben soll. Dieses Gericht entscheidet auch über die Statthaftigkeit und Begründetheit der Rüge. **Mangels Devolutiveffekt** handelt es sich bei der Gehörsrüge nicht um ein Rechtsmittel, sondern um einen Rechtsbehelf.

» Warum, glauben Sie, hat der Gesetzgeber die Gehörsrüge eingeführt?

Da der Anspruch auf rechtliches Gehör vom Grundgesetz in *Art. 103 Abs. 1 GG* geschützt ist, wäre ohne diesen Rechtsbehelf das **Einlegen einer Verfassungsbeschwerde** möglich. Die Möglichkeit der Gehörsrüge wurde gerade dazu eingeführt, das **Bundesverfassungsgericht zu entlasten**.

Säumnis der Parteien und Einspruchsverfahren

In nahezu jeder mündlichen Prüfung im Assessorexamen spielt das **Prozessrecht** eine Rolle. Anders als beispielsweise die Themen Streitverkündung oder Widerklage lässt sich die **Säumnis einer Partei** im Prozess in wirklich jede Prüfung einbauen. Dementsprechend häufig sind wir bei der Auswertung der Protokolle auf dieses Thema in zivilrechtlichen Prüfungen gestoßen.

» *Grundlagen*

Die Regelungen zum Versäumnisverfahren (*§§ 330 ff. ZPO*) sind **Ausfluss des Mündlichkeitsprinzips im Zivilprozess** (*§ 128 Abs. 1 ZPO*) und der sich aus der Dispositionsmaxime ergebenden Freiheit sich zur Sache einzulassen. Es genügt gerade nicht, sich schriftsätzlich zu äußern; vielmehr muss in der mündlichen Verhandlung **ein Antrag gestellt und verhandelt** werden. Macht eine Partei dies nicht, hat die jeweils andere Partei die Möglichkeit, ein Versäumnisurteil* zu beantragen und so einen vollstreckbaren Titel zu erlangen.

» *Säumnis des Beklagten*

Sowohl in der Praxis als auch im 2. Staatsexamen hat die **Säumnis des Beklagten die größte Relevanz**. Erscheint der Beklagte nicht zur mündlichen Verhandlung bzw. stellt er im Rahmen der Verhandlung keinen An-

* Im Folgenden geht es – soweit nicht ausdrücklich anders bezeichnet – ausschließlich um den Erlass eines echten Versäumnisurteils, das heißt um ein Urteil, das gerade aufgrund der Säumnis einer Partei ergeht.

trag, ergeht **unter den folgenden Voraussetzungen** ein Versäumnisurteil:

- Säumnis des Beklagten
- Antrag des Klägers
- Vorliegen der Prozessvoraussetzungen
- Schlüssigkeit des Klägervorbringens

Dem Nichtverhandeln steht die Nichtanzeige gleich, sich gegen die Klage verteidigen zu wollen, wenn das **schriftliche Vorverfahren** angeordnet wurde. In der Klageschrift ist dementsprechend stets auch zu beantragen, gegen den Beklagten ein Versäumnisurteil zu erlassen, falls dieser **nicht rechtzeitig seine Verteidigungsbereitschaft anzeigt** (vgl. *§§ 331 Abs. 3, 276 ZPO*).

(1) Säumnis des Beklagten: Eine Säumnis liegt nur dann vor, wenn keine der Voraussetzungen des *§ 335 Nr. 2-4 ZPO* gegeben ist; eine Säumnis kann also nur dann angenommen werden, wenn **die Partei ordnungsgemäß geladen** wurde. Dies wird vom Richter in der Regel noch im Termin anhand der **Postzustellungsurkunde** geprüft.*

„Wartepflicht" unter Anwaltskollegen

In der Praxis gilt das ungeschriebene Gesetz, dass man bei Nichterscheinen des gegnerischen Anwalts nicht sofort ein VU beantragt, sondern diesem eine gewisse Zeit einräumt, doch noch zum Termin zu kommen. Denn jedem Anwalt kann es passieren, im Stau zu stehen oder sich aus anderen Gründen ein paar Minuten zu verspäten.

* In Verfahren vor dem Landgericht bzw. Oberlandesgericht kommt es auf das Nichterscheinen des Rechtsanwalts, nicht auf das Nichterscheinen der Partei an. Der Anwaltszwang bei solchen Verfahren ergibt sich aus § 78 Abs. 1 S. 1 ZPO.

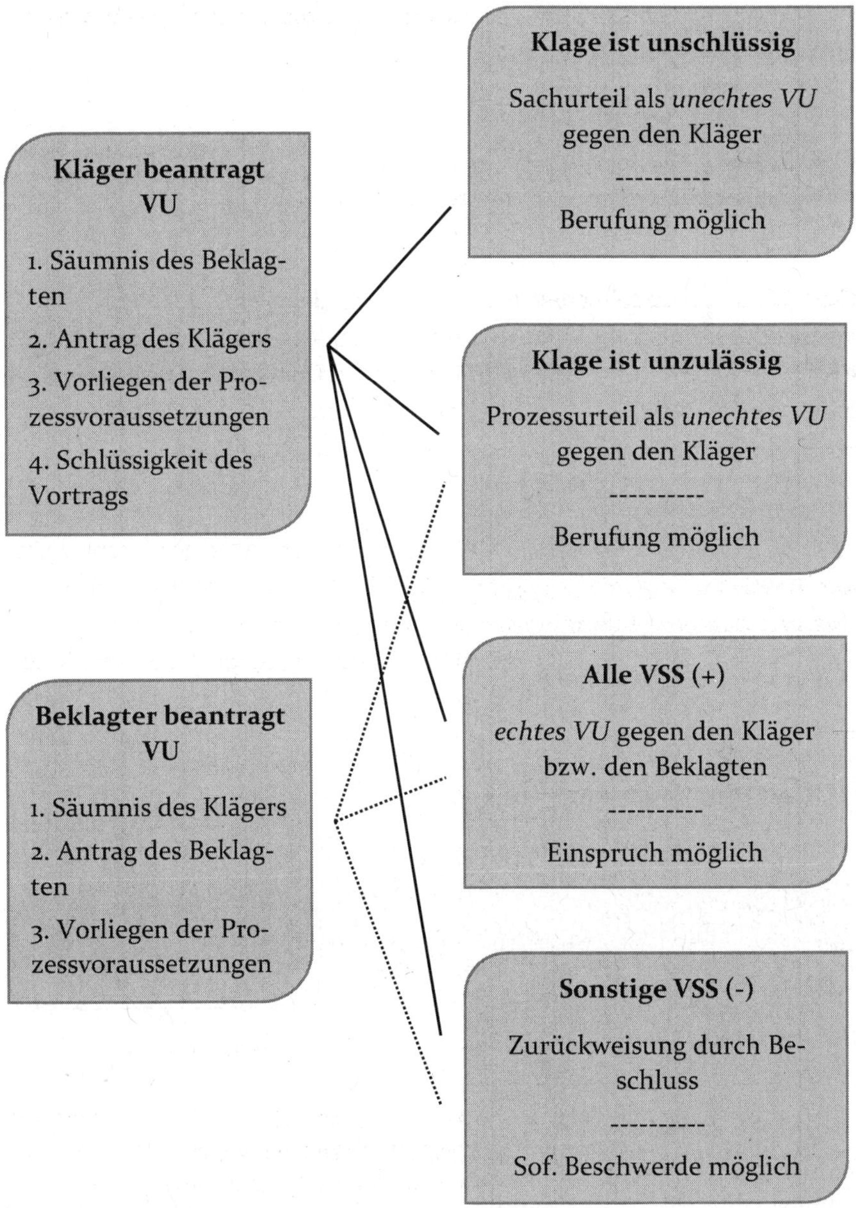
Kläger beantragt VU
1. Säumnis des Beklagten
2. Antrag des Klägers
3. Vorliegen der Prozessvoraussetzungen
4. Schlüssigkeit des Vortrags
Beklagter beantragt VU
1. Säumnis des Klägers
2. Antrag des Beklagten
3. Vorliegen der Prozessvoraussetzungen
Klage ist unschlüssig
Sachurteil als unechtes VU gegen den Kläger

Berufung möglich
Klage ist unzulässig
Prozessurteil als unechtes VU gegen den Kläger

Berufung möglich
Alle VSS (+)
echtes VU gegen den Kläger bzw. den Beklagten

Einspruch möglich
Sonstige VSS (-)
Zurückweisung durch Beschluss

Sof. Beschwerde möglich

(2) Antrag des Klägers: Der **Antrag** kann sich auch nur auf einen Teil des Anspruchs beziehen.

(3) Vorliegen der Prozessvoraussetzungen: Liegen die Zulässigkeitsvoraussetzungen nicht vor, kann ggf. gegen den Kläger ein **unechtes Versäumnisurteil** ergehen.

(4) Schlüssigkeit des Klägervorbringens: Das Vorbringen des Klägers muss zur Schlüssigkeit der Klage führen. Das gesamte Vorbringen ist **als wahr zu unterstellen**. Hat der Kläger nicht alle anspruchsbegründende Tatsachen behauptet oder Tatsachen vorgetragen, die eine Einrede des Beklagten rechtfertigen, führt dies **zur Unschlüssigkeit des Klägervorbringens**. Ein Versäumnisurteil kann nicht erlassen werden. Vielmehr ist die Klage durch Sachurteil abzuweisen.

» Säumnis des Klägers

Ein **Versäumnisurteil gegen den Kläger** kann unter folgenden Voraussetzungen ergehen:

- Säumnis des Klägers
- Antrag des Beklagten
- Vorliegen der Prozessvoraussetzungen

Hinsichtlich der **Tatbestandsmerkmale** gilt hier das oben Gesagte entsprechend. Die Schlüssigkeitsprüfung entfällt, da das Versäumnisurteil allein aufgrund der Säumnis des Klägers ergeht.

» Das Einspruchsverfahren

Gegen ein echtes Versäumnisurteil ist **der Einspruch der statthafte Rechtsbehelf**. Mangels Devolutiveffekt handelt es sich beim Einspruch gerade nicht um ein Rechtsmittel. Zulässig ist der Einspruch bei Vorliegen folgender Voraussetzungen:

- Statthaftigkeit des Einspruchs
- Einhaltung der Einspruchsfrist
- Einhaltung der Einspruchsform

Die **Begründung des Einspruchs** nach *§ 340 Abs. 3 ZPO* ist ebenso keine Zulässigkeitsvoraussetzung wie eine **Beschwer** durch das VU.

(1) Statthaftigkeit: Der Einspruch ist statthaft gegen **ein echtes 1. Versäumnisurteil**. Ist ein solches Urteil fälschlicherweise anders bezeichnet, ist dennoch - auch - ein Einspruch statthaft („Grundsatz der Meistbegünstigung").

(2) Einspruchsfrist: Die Frist zur Einlegung beträgt **zwei Wochen ab Zustellung des VU**. Wurde das Versäumnisurteil im schriftlichen Vorverfahren erlassen, ist die letzte Zustellung maßgeblich.

(3) Einspruchsform: Der Einspruch muss **mittels eines bestimmenden Schriftsatzes** beim Prozessgericht eingelegt werden, der den Voraussetzungen des *§ 340 Abs. 1 und Abs. 2 S. 1 ZPO* entspricht.

» Entscheidungen im Einspruchsverfahren

Ist der **Einspruch zulässig**, wird der Rechtsstreit wie vor Säumigkeit der Partei fortgesetzt und per Endurteil entschieden. Bei Unzulässigkeit des Einspruchs wird dieser nach *§ 341 ZPO* durch Urteil zurückgewiesen.

Keine mündliche Verhandlung erforderlich

Abweichend vom Grundsatz bedarf es vor einem solchen Urteil keiner mündlichen Verhandlung (vgl. *§ 341 Abs. 2 ZPO*).

Ist die Partei **nach zulässigem Einspruch erneut säumig**, ergeht ein 2. Versäumnisurteil. Nach Auffassung des BGH ist beim Erlass eines solchen weiteren VU nicht nochmals zu prüfen, ob die Klage schlüssig ist. Gegen ein 2. Versäumnisurteil ist – eingeschränkt – die **Berufung das statthafte Rechtmittel**, bei der lediglich geprüft wird, ob tatsächlich ein Fall der Säumnis vorlag.

(Weitere) Original-Prüfungsfragen im Zusammenhang mit dem Säumnis- und Einspruchsverfahren

» Warum ist gegen ein VU nicht die Berufung zulässiges Rechtsmittel?

Zwar handelt es sich bei einem Versäumnisurteil um ein Endurteil. Nach dem Wortlaut des *§ 511 Abs. 1 ZPO* wäre hiergegen die Berufung statthaft. Die **gesetzliche Ausnahme hierzu** findet sich aber in *§ 514 Abs. 1 ZPO*, wonach ein VU nicht mit der Berufung angefochten werden kann.

***§ 514 Abs. 1 ZPO* lautet:**

„Ein Versäumnisurteil kann von der Partei, gegen die es erlassen ist, mit der Berufung oder Anschlussberufung nicht angefochten werden."

» Aus welcher Norm ergibt sich, dass ein 2. VU nur eingeschränkt überprüfbar ist?

Rechtsmittel gegen ein 2. Versäumnisurteil ist die Berufung; ein Einspruch ist unzulässig (*§ 345 ZPO*). In den Vorschriften zur Berufung ist in *§ 514 Abs. 2 ZPO* normiert, dass gegen ein solches VU zwar eine Berufung statthaft ist, mit dieser aber nur überprüft werden kann, ob ein **Fall der schuldhaften Säumnis** vorgelegen hat.

» *Der Einspruch des Klägers gegen ein VU ist zulässig und im weiteren Verfahren wird die Begründetheit der Zahlungsklage über 4.000 Euro festgestellt. Wie lautet der Tenor des Endurteils?*

Der **Tenor in der Hauptsache** lautet: Das Versäumnisurteil vom [...] wird aufgehoben. Der Beklagte wird verurteilt, an den Kläger 4.000 Euro [...] zu zahlen.

» *Wieso muss in dem genannten Fall im Tenor überhaupt auf das ursprünglich erlassene VU gegen den Kläger eingegangen werden?*

Der zulässige Einspruch gegen das Versäumnisurteil beseitigt nicht das VU, sondern **verhindert lediglich dessen Rechtskraft**. Würde im Tenor des Endurteils nicht auf das Versäumnisurteil eingegangen werden, würden zwei rechtskräftige Titel existieren.*

» *Was sollte ein Anwalt vorsichtshalber zeitgleich mit der Einlegung des Einspruchs beantragen?*

Gerade weil der Einspruch das Versäumnisurteil nicht beseitigt und ein VU nach *§ 708 Nr. 2 ZPO* ohne Sicherheitsleistung vorläufig vollstreckbar ist, sollte der Anwalt immer einen **Antrag auf einstweilige Einstellung der Zwangsvollstreckung** nach *§§ 707, 719 ZPO* stellen.

» *Woraus ergibt sich laut BGH, dass beim Erlass eines 2. Versäumnisurteils nicht zu prüfen ist, ob das 1. VU in gesetzmäßiger Weise ergangen ist?*

Dies ergibt sich aus einem **Umkehrschluss aus *§ 700 Abs. 6 ZPO***: Danach darf ein Einspruch gegen einen Vollstreckungsbescheid – der nach *§ 700 Abs. 1 ZPO* einem für vorläufig vollstreckbar erklärten 1. Versäumnisurteil gleichsteht – durch ein 2. VU bei Säumnis nur verworfen

* Auch wenn die Klage im Ergebnis abzuweisen wäre, müsste im Tenor – aus denselben Gründen – auf das ursprünglich erlassene VU eingegangen werden.

werden, wenn die Voraussetzungen des *§ 331 ZPO* vorliegen. Eine entsprechende Vorschrift findet sich aber in der ZPO bei einem Einspruch und erneuter Säumnis der Partei nach einem 1. Versäumnisurteil nicht.

Dass vor Erlass eines 2. Versäumnisurteils (**nach einem Einspruch gegen einen Vollstreckungsbescheid**) geprüft werden muss, ob nach dem Vorbringen der Partei die Klage schlüssig ist, ist auch logisch, da im Rahmen des Erlasses eines Mahn- und Vollstreckungsbescheids – anders als beim Erlass eines 1. VU – eine **solche Schlüssigkeitsprüfung noch nicht vorgenommen** worden ist.

Klagearten und Rechtsbehelfe im Zwangsvollstreckungsverfahren

Wie schon im schriftlichen Examen spielt auch in der mündlichen Prüfung **das Zwangsvollstreckungsrecht** eine deutlich wichtigere Rolle als in der 1. Juristischen Staatsprüfung. Insbesondere geht es in den uns vorliegenden Protokollen immer wieder um die im Zwangsvollstreckungsrecht einschlägigen Klagearten und Rechtsbehelfe sowie deren Abgrenzung zueinander.

» Übersicht über die Klagearten und Rechtsbehelfe im Zwangsvollstreckungsrecht

- Vollstreckungsgegenklage, *§ 767 ZPO*
- Drittwiderspruchsklage, *§ 771 ZPO*
- Vollstreckungserinnerung, § 766 ZPO
- Klauselerteilungsklage, *§ 731 ZPO*
- Klauselgegenklage, *§ 768 ZPO*
- Klage auf vorzugsweise Befriedigung, *§ 805 ZPO*

Reihenfolge

Vom zeitlichen Ablauf der Verfahrensstadien her werden natürlich zunächst die Klagearten im Klauselverfahren relevant, bevor dann die Rechtsbehelfe im Vollstreckungsverfahren eine Rolle spielen. Abweichend hiervon haben wir die Reihenfolge nach der Relevanz in der mündlichen Prüfung aufgestellt.

Auf die **Darstellung der Voraussetzungen und der Standardprobleme sämtlicher Klagearten** verzichten wir an dieser Stelle, da dies gerade im Hinblick auf die Vielzahl an Rechtsbehelfen den Umfang dieses

Buchs sprengen würde. Die **Grundlagen zu den Rechtsbehelfen** sind unbedingt anhand der Aufzeichnungen zu wiederholen, die man zur Vorbereitung auf das schriftliche Examen genutzt hat.

» Abgrenzung der Klagearten zueinander

Relevant ist im Rahmen mündlicher Prüfungen immer wieder die Frage nach der **Abgrenzung von Vollstreckungsgegenklage, Drittwiderspruchsklage und Erinnerung** zueinander.

(1) Vollstreckungsgegenklage vs. Drittwiderspruchsklage:

Die Vollstreckungsgegenklage nach *§ 767 ZPO* ist im Verhältnis zur Drittwiderspruchsklage **ein aliud**. So ist vor allem bei *§ 771 ZPO* im Gegensatz zur Klage nach *§ 767 ZPO* eine dritte, in der Regel bislang nicht am Verfahren beteiligte Person Kläger. Zudem macht der Kläger einer Drittwiderspruchsklage „ein die Veräußerung hinderndes Recht" (sog. Interventionsrecht) geltend, während der Kläger einer Vollstreckungsgegenklage sich auf **eine materiell-rechtliche Einwendung** gegen den dem Titel zugrunde liegenden Anspruch beruft.

(2) Vollstreckungsgegenklage/Drittwiderspruchsklage vs. Erinnerung:

Die Erinnerung nach *§ 766 ZPO* ist beschränkt auf Anträge, Einwendungen und Rügen, die sich **gegen die Art und Weise der Zwangsvollstreckung** oder das vom Vollstreckungsorgan zu beachtende Verfahren richten. Die zuvor genannten Einwendungen aus einem materiellen Recht des Schuldners oder eines Interventionsrechts des Dritten können mit dem Rechtsbehelf der Erinnerung nicht geltend gemacht werden, da das Vollstreckungsorgan für die Klärung materiell-rechtlicher Ansprüche funktionell nicht zuständig ist.

Im Einzelfall kann die Abgrenzung problematisch sein, wenn die von der Partei vorgetragene Einwendung **in den Grenzbereich zweier Rechtsbehelfe** fällt. Hier hilft es nur im Rahmen der Antwort auf die Frage des Prüfers nach dem statthaften Rechtsbehelf – wie zuvor ausgeführt – zunächst allgemein aufzuzeigen, wie die Rechtsbehelfe zueinander abzugrenzen sind, und anschließend Argumente vorzutragen, welche Klageart im konkreten Fall statthaft ist.*

(Weitere) Original-Prüfungsfragen im Zusammenhang mit den zwangsvollstreckungsrechtlichen Rechtsbehelfen

» Gibt es spezielle (zusätzliche) Verfahrensmaximen, die im Vollstreckungsverfahren gelten?

Neben den bereits im Zivilprozessrecht geltenden Maximen wie zB dem Dispositionsgrundsatz gelten im Zwangsvollstreckungsrecht zusätzlich der **Grundsatz der Formalisierung der Zwangsvollstreckung** sowie das **Sozialstaatsprinzip**.

Die „Formalisierung der Zwangsvollstreckung" bringt zum Ausdruck, dass die Vollstreckungsorgane keine eigene materiell-rechtliche Prüfung vornehmen sollen. Vielmehr beschränkt sich deren Aufgabe in der Feststellung der leicht feststellbaren **formalen Voraussetzungen der Vollstreckung**.

* Man muss sich in diesem Zusammenhang klarmachen, dass in manchen Fällen selbst die Gerichte untereinander nicht einer Meinung sind, welcher Rechtsbehelf einschlägig ist. In einem solchen Fall gibt es in der mündlichen Prüfung kein „Richtig" oder „Falsch", sondern nur ein „Gut argumentiert" oder „Schlecht argumentiert".

Die Geltung des Sozialstaatsprinzips im Rahmen der Zwangsvollstreckung ist insbesondere daran zu erkennen, dass das Schuldnervermögen in einem grundlegenden Teil **dem Zugriff der Gläubiger entzogen** ist (zB nach *§§ 850 ff. ZPO*).

» Was sind die allgemeinen Voraussetzungen einer Vollstreckung?

Zu den **allgemeinen Voraussetzungen jeder Zwangsvollstreckung** zählen:

- Vorliegen eines vollstreckungsfähigen Titels
- Vorliegen einer Klausel
- Zustellung des Titels
- Antrag des Gläubigers
- Nichtbestehen von Vollstreckungshindernissen

Hinzu kommen jeweils weitere **besondere Voraussetzungen**, je nachdem welche Art der Vollstreckung vorliegt.

» Was sind Beispiele für vollstreckungsfähige Titel?

Neben einem Urteil sind auch **Prozessvergleiche, Kostenfestsetzungsbeschlüsse und Vollstreckungsbescheide** Titel, die Grundlage der Zwangsvollstreckung sein können. Darüber hinaus sind auch **notarielle Urkunden** Titel, sofern der Schuldner sich in dieser Urkunde der sofortigen Zwangsvollstreckung unterworfen hat.

Das Gesetz kennt die Antwort, aber...

Jeder Referendar sollte wissen, dass diese (weiteren) Vollstreckungstitel in *§ 794 ZPO* aufgelistet sind. Bei solchen Basics kommt es aber in einer mündlichen Prüfung schlecht an, wenn man zunächst diesen Paragrafen aufschlagen muss, um auf die Frage nach den vollstreckungsfähigen Titeln antworten zu können. Diese muss man auch ohne Nachschlagen kennen und nennen können.

» Welche Vollstreckungsorgane gibt es und für welche Art der Vollstreckung ist das jeweilige Organ zuständig?

Gerichtsvollzieher: Er ist das zuständige Vollstreckungsorgan, soweit die Vollstreckung nicht den Gerichten zugewiesen ist (vgl. *§ 753 Abs. 1 ZPO*). Konkret ist der Gerichtsvollzieher das zuständige Organ bei der **Vollstreckung in bewegliche Sachen wegen einer Geldforderung**.

Vollstreckungsgericht: Das Vollstreckungsgericht ist in der Regel das Amtsgericht und zuständig für die **Vollstreckung wegen Geldforderungen in Forderungen und andere Vermögensrechte**.

Prozessgericht: Das Prozessgericht des ersten Rechtszugs ist das zuständige Vollstreckungsorgan in den Fällen der *§§ 887, 888, 890 ZPO* – also **bei der Vollstreckung von vertretbaren und unvertretbaren Handlungen** sowie der Erzwingung von Unterlassungen oder Duldungen.

Grundbuchamt: Das Grundbuchamt des Amtsgerichts ist zuständiges Vollstreckungsorgan in den Fällen der *§§ 866, 867 ZPO*.

» Was ist überhaupt eine Vollstreckungsklausel?

Die Vollstreckungsklausel ist **notwendiger Bestandteil der vollstreckbaren Ausfertigung des Urteils** und hat den in *§ 725 ZPO* genannten Wortlaut. Die vollstreckbare Ausfertigung des Urteils – inklusive der in ihr enthaltenden Klausel – bezeugt das Bestehen und die Vollstreckungsreife des Titels.

» Welche Klauselarten gibt es und wodurch unterscheiden sie sich?

Man unterscheidet zwischen **einfachen** (*§ 724 ZPO*) **und qualifizierten** (*§§ 726-729, 738, 742, 744 ZPO*) **Klauseln**. Eine qualifizierte Klausel ist also immer dann erforderlich, wenn das Gesetz besondere Erteilungsvoraussetzungen aufstellt – so zB bei einer **Vollstreckung Zug-um-Zug** (*§ 726 ZPO*) und bei einer Ausstellung der vollstreckbaren Ausfertigung für und gegen Rechtsnachfolger (*§ 727 ZPO*).

» Wer ist für die Erteilung der vollstreckbaren Ausfertigungen zuständig?

Einfache Klauseln erteilt der **Urkundsbeamte der Geschäftsstelle**, während die qualifizierten Klauseln gemäß *§ 20 Abs. 1 Nr. 12 RPflG* vom **Rechtspfleger** erteilt werden.

» Was ist das Rechtsschutzziel einer Vollstreckungsgegenklage?

Die **Klage nach *§ 767 ZPO*** richtet sich nicht gegen die Rechtskraft des Urteils. Ziel ist auch nicht, die Unwirksamkeit des Titels geltend zu machen. Vielmehr ist Ziel der Vollstreckungsgegenklage **die Beseitigung der Vollstreckbarkeit des Titels**. Dementsprechend ist Tenor einer begründeten Klage nach *§ 767 ZPO*: „Die Zwangsvollstreckung aus dem Urteil [....] wird für unzulässig erklärt“.

» Der Schuldner ist bei einer Vollstreckung der Ansicht, der Vollstreckungsgläubiger habe bei einer Zug-um-Zug-Verurteilung seine Leistung nicht mangelfrei erbracht. Wie kann der Schuldner rechtlich gegen die Vollstreckung vorgehen?

Beim Einwand der Mangelhaftigkeit der Leistung handelt es sich **um einen materiell-rechtlichen Einwand**. Der Schuldner muss eine Vollstreckungsgegenklage erheben, um diesen Einwand geltend zu machen.

» *Wie ist der Fall zu beurteilen, wenn der Schuldner vorbringt, die titulierte Gegenleistung sei gar nicht erbracht worden oder die angebotene Leistung entspreche nicht der im Titel genannten Leistung?*

Es ist **Aufgabe des Gerichtsvollziehers**, bei einer Zwangsvollstreckung gemäß *§ 756 ZPO*, der eine Zug-um-Zug-Verurteilung zugrunde liegt, zu prüfen, ob die angebotene Gegenleistung identisch und vollständig ist. Die Rüge des Schuldners betrifft demnach **das vom Vollstreckungsorgan zu beachtende Verfahren**. Hiergegen ist nicht die Vollstreckungsgegenklage, sondern die Erinnerung statthafter Rechtsbehelf.

Materielles Zivilrecht

Das materielle Recht bleibt auch in der mündlichen Zivilrechtsprüfung **überragend wichtig**. Denn Grundlage der Prüfung sind – ggf. nach ein paar abstrakten Fragen zum Aufwärmen – mehrere vom Prüfer gebildete Fälle, die zwar in der Regel prozessrechtliche Probleme enthalten, aber in erster Linie materiell-rechtlich durch die Kandidaten zu lösen sind. Ein **erheblicher Teil der Prüfungsleistung** der Referendare besteht demnach darin, dass materielle Zivilrecht zu beherrschen und auf den Fall anzuwenden.

Aufgrund der **enormen thematischen Bandbreite des materiellen Zivilrechts** kann eine Auswertung der Protokolle nicht zu Standardfragen führen, die auffällig oft in der mündlichen Prüfung gestellt werden. Solche Fragen im Folgenden aufzulisten und zu erörtern wäre irreführend und unseriös. Wir beschränken uns daher darauf, Dir im Folgenden **grundlegende Tipps und Hinweise** zur Vorbereitung auf das materielle Recht für Deine mündliche Prüfung zu geben.

Grundlagen beherrschen

Unabhängig davon, welches Rechtsgebiet Gegenstand der Prüfung ist, ist bei der Auswertung der Protokolle eindeutig festzustellen, dass die gestellten Fälle jeweils **mit Grundlagenkenntnissen zu lösen sind**. Nahezu nie werden vom Prüfer detaillierte Kenntnisse zu einem Spezialproblem (wie zB zum gutgläubigen Erwerb einer forderungsentkleideten Hypothek o. ä.) erwartet. Vielmehr weiß der Prüfer, dass es **vom Zufall abhängt**, ob einer der Kandidaten die Antwort auf eine solche Spezialfrage aus dem Stegreif kennt. Ist dies nicht der Fall, endet die Prüfung in einem wilden Geblätter in den Gesetzestexten, was ebenso wenig Ziel des Prüfers ist. Derartiges Spezialwissen kann zwar zum Gegenstand von Klausuren im 2. Examen gemacht werden, da den Kandidaten zumindest die Kommentare als Hilfsmittel zur Verfügung stehen. Für die mündliche Prüfung sind solche Fragen aber ungeeignet.

Zur Vorbereitung auf die mündliche Prüfung sollte man sich aus diesem Grund unbedingt darauf konzentrieren, **nur die Grundlagen der Rechtsgebiete** zu wiederholen.

Hauptaugenmerk auf praxisrelevante Rechtsgebiete

Prüfer im 2. Examen sind **in aller Regel Praktiker**, das heißt Richter, Staatsanwälte, Rechtsanwälte, Ministerialräte, usw. Es ist absolut naheliegend, dass diese insbesondere Fälle aus Rechtsgebieten zum Gegenstand ihrer Prüfung machen, mit denen sie sich **in ihrer täglichen Arbeit beschäftigen**. Dementsprechend kann man nach der Auswertung der Protokolle in jedem Fall festhalten, dass gerade die **praxisrelevanten Rechtsgebiete** sehr häufig in materieller Hinsicht Gegenstand der mündlichen Prüfung sind. Hierzu zählen im Zivilrecht insbesondere das Kaufrecht, das Mietrecht, das Werkvertragsrecht, das Verkehrsrecht, das Reisevertragsrecht sowie die Basics des BGB AT und des Schuldrechts AT. **Zivilrechtliche Nebengebiete** wie das Familien- und Erbrecht, das Arbeitsrecht sowie das Handels- und Gesellschaftsrecht sind zwar ebenfalls insbesondere für Rechtsanwälte sehr praxisrelevant, kommen aber in den mündlichen Prüfungen des 2. Examens deutlich seltener vor.

Prüfung im Schwerpunkt / Wahlfach

Etwas anderes gilt natürlich dann, wenn man in der mündlichen Prüfung – wie es zumindest in einigen Ländern vorgesehen ist – auch in einem Schwerpunkt / Wahlfach geprüft wird und dieses Wahlfach (auch) zivilrechtliche Nebengebiete umfasst.

Gerade wenn die Zeit bis zur mündlichen Prüfung eng wird, sollte man das Hauptaugenmerk auf das **Wiederholen der genannten praxisrelevanten Rechtsgebiete** legen. Darüber hinaus ist es natürlich optimal, wenn man aus der Person des Prüfers, dessen Namen man in der Ladung mitgeteilt bekommt, Rückschlüsse auf mögliche Inhalte der Prüfung in materiell-rechtlicher Sicht erhält. Hierzu bieten sich drei Wege an:

» *Auswertung der Prüferprotokolle*

Zunächst geben **die Protokolle** Aufschluss darüber, welche Rechtsgebiete der jeweilige Prüfer regelmäßig zum Gegenstand seiner Prüfungen macht (Stichwort: „Protokollfestigkeit“). Wenn Du dieses Buch liest, hast Du womöglich die Protokolle bereits auf unserer Seite bestellt; anderenfalls solltest Du **umgehend nach Erhalt der Ladung** die Protokolle Deiner Prüfer auf https://www.protokolle-assessorexamen.de bestellen und durcharbeiten.

Wichtig dabei ist festzuhalten, dass man **zwar oft Tendenzen** erkennt, welche Rechts- und Themengebiete ein Prüfer bevorzugt prüft. Dennoch sollte man keinesfalls die Vorbereitung auf die mündliche Prüfung auf diese Gebiete beschränken und im Übrigen „auf Lücke lernen“. Jede Regel hat bekanntlich auch ihre Ausnahme. Und die mündliche Prüfung des 2. Examens ist viel zu wichtig, als dass man hier auf Risiko gehen sollte.

Schließlich sei noch auf Folgendes hingewiesen: Prüfer wissen oftmals, was über sie in den Protokollen steht und ob sie als „protokollfest“ bezeichnet werden. Auch wir bekommen regelmäßig **Anfragen von Prüfern mit der Bitte**, ihnen die über sie vorhandenen Protokolle zuzusenden. Dieser Bitte kommen wir natürlich nach. Zum einen ist es nur fair, den Prüfern mitzuteilen, was ehemalige Kandidaten ihrer mündlichen Prüfungen über sie und ihren Stil denken. Zum anderen besteht so auch die Möglichkeit, dass die Prüfer **Kritikpunkte** – wie zB die Unstrukturiertheit der Prüfung o. ä. – aufgreifen und in den nächsten Prüfungen abstellen; hiervon profitieren auch die Referendare.

Prüfer mit Kenntnis der Protokolle

Derzeit haben wir deutschlandweit für 285 Prüfer einen Zugang zu den Protokollen ihrer Prüfungen eingerichtet. Diese Prüfer informieren sich regelmäßig über die Inhalte der Berichte, die von den geprüften Kandidaten verfasst wurden.

Nur sehr wenige Prüfer erteilen einen Sperrvermerk und bitten uns, keine Protokolle zu ihren Prüfungen herauszugeben.

In jedem Fall wissen die Prüfer oftmals, dass sie als (vermeintlich) protokollfest gelten. Daher liest man auch das ein oder andere Mal, dass der Prüfer zu Anfang **auf die eigene Protokollfestigkeit** anspricht, aber anschließend verkündet, an dem heutigen Prüfungstag mal etwas anderes zu prüfen. Wer sich in der Vorbereitung ausschließlich auf die Themengebiete konzentriert hat, die in den Protokollen erwähnt wurden, bekommt spätestens jetzt einen Schweißausbruch.

» Einholen weiterer Informationen zur Tätigkeit des Prüfers

Natürlich ist es auch anzuraten, **den Prüfer zu googlen** und in Erfahrung zu bringen, mit welchen Rechtsgebieten sich der Prüfer hauptsächlich beschäftigt. Bei **Richtern** sollte man sich den – regelmäßig auf der Internetseite des Gerichts abrufbaren – Geschäftsverteilungsplan anschauen. Bei **Staatsanwälten** als Prüfer ist es durchaus legitim, durch einen Anruf bei der Staatsanwaltschaft in Erfahrung zu bringen, in welcher Abteilung dieser tätig ist. Und bei **Rechtsanwälten** lohnt natürlich immer ein Blick auf die Homepage der Kanzlei, um zu erfahren, ob der Anwalt **Fachanwaltstitel besitzt** bzw. welche Rechtsgebiete zu seinen Tätigkeitsschwerpunkten zählen.

In diesem Zusammenhang muss man sich nämlich verdeutlichen, dass die Prüfer nicht nur Praktiker, sondern **auch pragmatisch sind**: Wieso sollte ein Prüfer, der derzeit einige Verkehrsrechtssachen zu bearbeiten hat, einen Sachverhalt aus einem ganz anderen Rechtsgebiet für die Prüfung vorbereiten? Die **Auswertung der Protokolle** zeigt vielmehr, dass die Prüfer in aller Regel Fragen zu den Fällen stellen, die sie derzeit selbst auf dem Schreibtisch haben oder auf die sie bei der Lektüre aktueller Rechtspolitik oder Rechtsprechung gestoßen sind.

» Befassen mit aktueller Rechtsprechung

Dies führt uns gleich zum dritten Punkt, wie man auf materiell-rechtlich Relevantes für die eigene mündliche Prüfung kommt: Gerade weil in gut der Hälfte aller mündlichen Prüfungen **aktuelle Urteile oder rechtspolitische Diskussionen** zum Gegenstand gemacht werden, muss man sich auch unbedingt mit der neueren, examensrelevanten Rechtsprechung beschäftigen.

Wir überprüfen **alle bei uns eingereichten Protokolle** daraufhin, ob den in der Prüfung behandelten Sachverhalten aktuelle Urteile oder rechtspolitische Diskussionen zugrunde liegen, und bereiten diese examensrelevante Rechtsprechung für Referendare auf. Das Ergebnis findest Du in unserem **Insider-Dossier *„Aktuelle Rechtsprechung und rechtspolitische Themen in der mündlichen Prüfung im 2. Examen“***, das wir als E-Book für Besteller der Protokolle auf unserer Seite zum Download zu einem Preis von 24,95 € anbieten.

Prüfungsgespräch zur Wiederholung und Vertiefung

Das folgende Zwischenprüfungsgespräch ermöglicht Dir, die **Inhalte der vorangegangenen Kapitel** zu wiederholen und zu vertiefen.

» Ein neuer Mandant betritt Ihre Anwaltskanzlei. Wie gehen Sie nun vor?

Ich erfrage mir grob, worum es in der Sache geht und wer der potentielle Gegner ist. Anschließend **nehme ich eine Kollisionsprüfung vor**, um auszuschließen, dass ich bereits von diesem Gegner mandatiert worden bin.

» Gegen welche Vorschriften würden Sie verstoßen, wenn Sie in der Sache tätig werden, obwohl bereits ein Vertrauensverhältnis zum potentiellen Gegner besteht?

In berufsrechtlicher Hinsicht läge ein Verstoß gegen die *§§ 43a Abs. 4 BRAO, 3 Abs. 1 BORA* vor. Nach diesen Normen **darf ein Rechtsanwalt nicht tätig werden**, wenn er eine andere Partei in derselben Sache bereits beraten hat oder mit dieser Rechtssache in sonstiger Weise bereits befasst war. In strafrechtlicher Hinsicht könnte das Verhalten den **Tatbestand des Parteiverrats** nach *§ 356 StGB* erfüllen.

» Gut. Wie ist Ihr weiteres Vorgehen, sofern die Kollisionsprüfung negativ ausfällt?

Nun lasse ich mir **detaillierte Informationen** dazu geben, um was es in tatsächlicher bzw. rechtlicher Hinsicht geht. Insbesondere ist zu klären, was das Mandantenbegehren ist. Steht dieses fest, muss ich mit dem möglichen Mandanten über die **voraussichtlichen Kosten, die Anwaltsvergütung sowie ggf. einen zu zahlenden Vorschuss** sprechen.

Sofern ich mich für die Annahme des Mandats entscheide, lasse ich mir eine **Vollmacht unterzeichnen** und lasse eine entsprechende Akte anlegen.

» In Ihre Vollmacht haben Sie sicherlich noch Klauseln aufgenommen. Auf welche Regelungen möchte ich wohl hinaus, wenn Sie an das Anlegen der Akten denken?

Der Mandant muss von mir darauf hingewiesen werden, dass ich seine **persönlichen Daten speichern** werde. Zudem treffen mich nach der DSGVO zahlreiche Hinweispflichten zu den Ansprüchen und Rechten des Mandanten, wie mit seinen Daten zukünftig verfahren wird.

» So ist es. Können Sie in aller Ruhe überlegen, ob Sie das Mandat annehmen möchten oder nicht, oder gibt es hierbei etwas zu beachten?

Sofern ich das Mandat ablehnen möchte, muss **die Ablehnung** nach *§ 44 BRAO* unverzüglich erfolgen. Anderenfalls bin ich haftbar für alle Schäden, die aus einer schuldhaften Verzögerung dieser Erklärung entstehen.

» Der Mandant berichtet, dass er vor ein paar Monaten in einen Auffahrunfall verwickelt war. Nachdem er verkehrsbedingt bremsen musste, fuhr ihm der X auf. Die Versicherungen haben wechselseitig 50 % der Schäden reguliert. Nunmehr habe er aber eine Klage des X erhalten, mit der dieser den übrigen ihm entstandenen Schaden einklagen möchte. Welche Information dürfte Sie an dieser Stelle in prozessualer Hinsicht am meisten interessieren?

Wenn der Mandant bereits die Klageschrift vorliegen hat, ist zu allererst wichtig zu wissen, wann ihm die **Klage zugestellt wurde** und welchen Inhalt die Verfügung vom Gericht hat. Denn sofern – wie es in der Praxis in der Regel der Fall ist – das Gericht das **schriftliche Vorverfahren gemäß *§ 276 ZPO*** angeordnet hat, muss der Mandant als Beklagter innerhalb einer Notfrist von zwei Wochen nach Zustellung seine Verteidigungsbereitschaft anzeigen. Zudem ist die Frist zu beachten, die ihm vom Gericht zur schriftlichen Klageerwiderung gesetzt worden ist.

» Wo wir gerade beim Thema der Zustellung sind: Wie erfolgte denn eigentlich die Zustellung der Klageschrift beim Mandanten?

Bei der **Zustellung mittels Zustellungsurkunde** übergibt die Geschäftsstelle gemäß *§ 176 ZPO* der Post, einem Justizbediensteten oder einem Gerichtsvollzieher das in einem Umschlag verschlossene Schriftstück sowie eine vorbereitete Zustellungsurkunde.

Zustellungsarten

Grundsätzlich zu unterscheiden sind die Amtszustellung, die vom Gericht veranlasst wird und sich nach den *§§ 166 - 190 ZPO* richtet, sowie die Parteizustellung, die unter den Voraussetzungen der *§§ 191 - 195 ZPO* möglich sind.

Das Schriftstück kann dem Adressaten grundsätzlich an jedem Ort übergeben werden, *§ 177 ZPO*. Möglich sind aber auch die **Ersatzzustellung an eine andere Person** unter den Voraussetzungen des *§ 178 ZPO* sowie das Einlegen des Schriftstücks in den **Briefkasten** gemäß *§ 180 ZPO*.* Der Zusteller füllt dann die Zustellungsurkunde aus und vermerkt insbesondere, an wen das Schriftstück übergeben wurde; zudem notiert er gemäß *§ 182 Abs. 2 ZPO* den **Ort, das Datum sowie ggf. die Uhrzeit** der Zustellung und unterschreibt selbst die Urkunde.

* Eine weitere in der ZPO vorgesehene Möglichkeit der Zustellung ist die Ersatzzustellung mittels Niederlegung des Schriftstücks bei Gericht (§ 181 ZPO). Verweigert der Adressat in unberechtigter Weise die Annahme des Schriftstücks, fingiert § 179 ZPO die Zustellung.

» Hat die Zustellungsurkunde denn überhaupt einen Beweiswert?

Ja, bei der Zustellungsurkunde handelt es sich um eine **öffentliche Urkunde** im Sinne *des § 415 ZPO*. Nach *§ 418 Abs. 1 ZPO* begründen öffentliche Urkunden **vollen Beweis der darin bezeugten Tatsachen**. Im Falle einer Zustellungsurkunde beweist diese also Ort, Datum und Empfänger des jeweiligen Schriftstücks.

» Stellen Sie sich vor, der Postbedienstete hat nicht Ihren Mandanten, sondern dessen 17-jährige Tochter angetroffen und ihr das Schriftstück übergeben. Liegt eine wirksame Zustellung vor?

Die Zustellung ist nur dann wirksam, wenn die **Ersatzzustellung** den Voraussetzungen des *§ 178 ZPO* entspricht. Nach Absatz 1 Nr. 1 der Norm kann die Zustellung auch durch Übergabe des Schriftstücks an einen **erwachsenen Familienangehörigen** bewirkt werden. Problematisch ist hier, dass die Tochter erst 17 Jahre alt und dementsprechend noch nicht volljährig ist. Die Vorschrift des *§ 178 ZPO* ist aber dahingehend zu verstehen, dass lediglich gewährleistet sein soll, das übergebende Schriftstück erreiche den eigentlichen Adressaten. Dies ist aber auch bei einer **17-jährigen direkten Verwandten des Mandanten** anzunehmen, sodass „erwachsen sein" nicht notwendigerweise Volljährigkeit voraussetzt. Die Zustellung an meinen Mandanten ist also wirksam erfolgt.

» Das haben Sie sehr richtig herausgearbeitet. Wenn Sie das Mandat übernehmen und dem Gericht gegenüber angezeigt haben, dass Sie nunmehr den Mandaten vertreten: Werden von Amts wegen zuzustellende Schriftstücke zukünftig genauso zugestellt wie die Klageschrift?

Nach *§ 172 Abs. 1 ZPO* sind Schriftstücke in einem anhängigen Verfahren an mich als Prozessbevollmächtigten zuzustellen. Möglich ist aus diesem Grund dann die **Zustellung gegen Empfangsbekenntnis** gemäß *§ 174 ZPO*. Das Schriftstück wird mir dann zusammen mit einem Empfangsbekenntnis übergeben, das ich **mit Datum und Unterschrift versehen** an das Gericht zurücksende.*

» *Zurück zum Fall: Ihr Mandant sagt, dass der die Klageschrift am 02.05.2020 erhalten hat. Ihre Besprechung mit dem Mandanten findet am 18.05.2020 statt. Wie schätzen Sie die Rechtslage nun ein?*

Aufgrund der **Zwei-Wochen-Frist** des *§ 276 Abs. 1 S. 1 ZPO* ist die Notfrist zur Anzeige der Verteidigungsbereitschaft bereits am 17.05.2020 abgelaufen. Da in der Klageschrift in der Regel der Antrag enthalten ist, dass **gegen den Beklagten ein Versäumnisurteil** ergehen soll, sofern dieser nicht rechtzeitig angezeigt hat, sich gegen die Klage verteidigen zu wollen, droht dem Mandanten also der Erlass eines solchen Versäumnisurteils.

» *Unter welchen Voraussetzungen ergeht ein Versäumnisurteil gegen den Beklagten im schriftlichen Vorverfahren?*

Neben der Versäumung der zweiwöchigen Notfrist und einem entsprechenden Antrag des Klägers sind Voraussetzungen die **Zulässigkeit und Schlüssigkeit der Klage** sowie das Nichtbestehen von Versagungsgründen.

» *Was sind denn Beispiele für Versagungsgründe, die zur Unzulässigkeit einer Versäumnisentscheidung führen?*

Hierzu zählen zB die **nicht ordnungsgemäße bzw. nicht rechtzeitige Ladung** der nicht erschienenen Partei (*§ 335 Abs. 1 Nr. 2 ZPO*) sowie die fehlende Belehrung über die Folgen der Fristversäumung nach *§§ 335 Abs. 1 Nr. 4, 276 Abs. 2 ZPO*.

---

* Neben der Zustellung mittels Zustellungsurkunde sowie gegen Empfangsbekenntnis sieht die Zivilprozessordnung auch noch die Zustellung durch Einschreiben mit Rückschein (vgl. § 175 ZPO) als eigenständige Zustellungsart vor.

Relevanz der Postzustellungsurkunde

Erscheint der Beklagte nicht zur mündlichen Verhandlung und beantragt der Kläger dann den Erlass eines Versäumnisurteils, wird die ordnungsgemäße Ladung des Beklagten gerade anhand der Postzustellungsurkunde überprüft, die sich in den Akten befinden muss.

» Kann eigentlich auch gegen den Kläger ein Versäumnisurteil im schriftlichen Verfahren ergehen?

Dies ist nicht möglich. Eine **der *§ 331 Abs. 3 ZPO* entsprechende Regelung** findet sich in *§ 330 ZPO* gerade nicht.

» Was ist denn der grundlegende Unterschied zwischen der Säumnis des Beklagten einerseits und des Klägers andererseits hinsichtlich des Erlasses eines Versäumnisurteils?

Nur bei einem VU gegen den Beklagten ist die **Schlüssigkeit der Klage** Voraussetzung für den Erlass des Versäumnisurteils; bei einem VU gegen den Kläger ist keine Schlüssigkeitsprüfung vorzunehmen.

» Wir gehen davon aus, dass das Gericht bislang noch kein Versäumnisurteil erlassen hat. Was können Sie nun tun?

Denkbar ist es, die Verteidigungsanzeige – trotz Fristablaufs – unverzüglich dem Gericht zu übermitteln. Denn nach *§ 331 Abs. 3 S. 1 ZPO* **darf kein VU ergehen**, wenn die Verteidigungsanzeige eingeht, bevor das vom Richter unterschriebene Urteil der Geschäftsstelle übermittelt wurde.

» Wie wäre der Fall zu beurteilen, wenn zwar die Verteidigungsbereitschaft rechtzeitig angezeigt wurde, in der Folge aber die weitere Frist zur schriftlichen Klageerwiderung verpasst worden ist?

Grundsätzlich könnte man überlegen, auch die Klageerwiderung nachzureichen. Sofern aber die **mündliche Verhandlung bereits terminiert** ist, ist zu befürchten, dass das Vorbringen nach *§ 296 Abs. 1 ZPO* präkludiert ist. Eine Präklusion ist dabei dann anzunehmen, wenn die erst nach Fristablauf vorgebrachten Angriffs- und Verteidigungsmittel zu einer **Verzögerung der Erledigung des Rechtsstreits** führen. Dies kann zB gerade dann der Fall sein, wenn der Beklagte in seinem Schriftsatz Zeugen benennt, die nicht mehr rechtzeitig vom Gericht zur mündlichen Verhandlung geladen werden können, ohne dass der Termin der Verhandlung verschoben wird.

» Richtig. Was wäre in einem solchen Fall als Vorgehen anzuraten?

Am sichersten wäre für den Mandanten die sogenannte **„Flucht in die Säumnis"**. Man verzichtet zunächst auf das Einreichen einer Klageerwiderung. Zudem stellt man keinen Antrag in der mündlichen Verhandlung, sondern nimmt den **Erlass eines Versäumnisurteils in Kauf**. Anschließend legt man form- und fristgerecht Einspruch gegen das VU ein und erwidert auf die Klage.

» Wenn Sie als Rechtsanwalt die Erfolgsaussichten eines Einspruchs gegen ein VU prüfen: Welche Schritte umfasst dann Ihre Prüfung?

Zunächst ist zu prüfen, ob **der Einspruch zulässig ist**. Dies ist dann der Fall, wenn der Einspruch der statthafte Rechtsbehelf ist und die Einspruchsfrist sowie -form eingehalten wurden. Ist der Einspruch danach zulässig, wird der Rechtsstreit wie vor Säumigkeit fortgesetzt.

Anschließend prüfe ich als Rechtsanwalt **die Zulässigkeit und Begründetheit der Klage**.

» Ist der Einspruch auch dann statthaft, wenn das aufgrund der Säumnis der Partei erlassene Urteil nicht als „Versäumnisurteil" überschrieben ist?

Nach dem **Grundsatz der Meistbegünstigung** sind in einem solchen Fall sowohl der einschlägige Rechtsbehelf hinsichtlich des Inhalts des Urteils als auch der statthafte Rechtsbehelf im Hinblick auf die Benennung des Urteils statthaft. In dem genannten Fall wäre es demnach zum einen zulässig, Berufung gegen das Urteil einzulegen. Zum anderen wäre aber auch ein Einspruch statthaft, da es sich eigentlich um ein Versäumnisurteil handelt.

» Was ist denn Grundlage für diese Wahlmöglichkeit des Betroffenen?

Die Rechtfertigung hierfür findet sich in *Art. 19 Abs. 4 GG*, der **den Anspruch auf effektiven Rechtsschutz** verfassungsrechtlich schützt. Dem Betroffenen soll es nicht zum Nachteil gereichen, wenn das Gericht das Urteil falsch benennt.

» Können Sie eine weitere Fallkonstellation nennen, in der das Meistbegünstigungsprinzip gilt?

Das beschriebene **Meistbegünstigungsprinzip im Hinblick auf die Wahl des statthaften Rechtsmittels** bzw. Rechtbehelfs greift zB auch dann, wenn in einem Berufungsurteil die Revision ausdrücklich zugelassen ist, die Rechtsmittelbelehrung aber auf die Nichtzulassungsbeschwerde abzielt.

» Nochmal zurück zum Fall: Aus welcher Vorschrift könnte sich die Haftung Ihres Mandanten ergeben?

Die **Haftung des Mandanten als Fahrer** ergibt sich aus *§ 18 Abs. 1 S. 1 StVG*; die Anspruchsgrundlage gegenüber dem Mandanten als **Halter des Fahrzeugs** ist *§ 7 Abs. 1 StVG*.

» Auf welche der genannten Vorschriften wird sich der Kläger gegenüber unserem Mandanten vornehmlich stützen?

Die Klage wird sich primär auf *§ 7 StVG* stützen. Denn bei der Halterhaftung handelt es sich um eine sogenannte **Gefährdungshaftung**; ein schuldhaftes Verhalten ist nicht erforderlich. Im Gegensatz dazu haftet der Fahrer gemäß *§ 18 Abs. 1 StVG* nur dann, wenn der Schaden nicht durch ein **Verschulden des Führers verursacht** ist, wobei das Verschulden nach dem Wortlaut der Norm bis zu seiner Exkulpation vermutet wird.

» *Gehen Sie davon aus, dass nicht Ihr Mandant als Fahrzeughalter, sondern sein Sohn das Auto gefahren ist. Reicht es dann aus Sicht des Klägers nicht aus, den Halter in Anspruch zu nehmen und zu verklagen?*

Nein, im Falle einer Klage sollte diese auch gegen den Sohn erhoben werden. Anderenfalls könnte der Sohn in dem Verfahren **als Zeuge vernommen werden**, was für den Kläger nachteilig ist und so vermieden wird. Denn richtet sich die Klage auch gegen den Sohn, ist dieser Partei des Verfahrens. Seine Aussage wäre **nur im Rahmen einer Parteivernehmung** nach den *§§ 445 ff. ZPO* möglich. Dies würde jedoch nach *§ 447 ZPO* grundsätzlich das Einverständnis des Klägers voraussetzen, was dieser verweigern wird.

» *Nun ist in unserem Fall der Mandant Fahrer und Halter des Fahrzeugs. Dennoch gibt es auf Beklagtenseite laut Klageschrift eine weitere Partei. Welche dürfte das sein?*

Der Kläger wird die Klage **auch gegen den Haftpflichtversicherer** unseres Mandanten gerichtet haben. Dieser haftet nach *§ 115 VVG*. Gemäß *§ 115 Abs. 1 S. 4 VVG* haften der Versicherer und unser Mandant gesamtschuldnerisch.

» *Nennen Sie bitte die Tatbestandsvoraussetzungen der § 7 StVG.*

Neben einer **Rechtsgutverletzung** beim Kläger, von der wir durch die Beschädigung des KFZ unproblematisch ausgehen können, muss der

Schaden **„bei Betrieb eines KFZ"** eingetreten sein. Unser Mandant muss **Halter des Fahrzeugs** sein, also die Person, die das Fahrzeug – nicht zwingend als Eigentümer – in eigener Regie und auf eigene Kosten nutzt. Zudem darf der Unfall **nicht auf höhere Gewalt** im Sinne des *§ 7 Abs. 2 StVG* zurückzuführen sein.

> **Materielles Recht bleibt wichtig**
>
> Wie bereits erwähnt, ist das materielle Recht auch in der mündlichen Prüfung im 2. Examen prüfungsrelevant. In der Regel hat es aber in der Prüfung deutlich weniger Relevanz als prozessrechtliche Fragen.

» Können Sie mir Fälle nennen, in denen bei einem Unfall die Beschädigung nicht durch den Betrieb des Fahrzeugs verursacht ist?

Nach der Rechtsprechung des Bundesgerichtshofs ist das Tatbestandsmerkmal dem umfassenden Schutzzweck des *§ 7 Abs. 1 StVG* entsprechend **weit auszulegen**. Ein Betrieb des Fahrzeugs ist also nur dann nicht mehr anzunehmen, wenn es zB außerhalb des öffentlichen Verkehrsraums **abgemeldet abgestellt** wird.*

» Richtig. Die Voraussetzungen des § 7 StVG wird man in unserem Fall unproblematisch bejahen müssen. Nun haben die Versicherungen im Vorfeld des Zivilprozesses den Schaden zu jeweils 50 % reguliert. Wie könnte es Ihrer Meinung nach zu dieser Quote gekommen sein?

Nach bisheriger Kenntnis vom Sachverhalt dürfte der Kläger als Fahrzeughalter oder -fahrer seinerseits nach *§§ 7, 18 StVG* haftbar sein. Dement-

* In einer Entscheidung aus dem Jahr 2019 hat der BGH das Tatbestandsmerkmal „beim Betrieb des Fahrzeugs" sogar bejaht, als ein Unfallwagen eineinhalb Tage nach dem Unfall in der Werkstatt Feuer fing und schwere Brandschäden verursachte; BGH, Urteil vom 26.03.2019 – Az.: VI ZR 236/18.

sprechend sind nach *§ 17 Abs. 2 StVG* die **Verursachungsbeiträge der Parteien** zur Ermittlung einer Haftungsquote gegeneinander abzuwägen. Allein die **Betriebsgefahr des KFZ des Klägers** ist in der Regel mit 10 % zu veranschlagen. Die Versicherer sind offenbar zudem von einem etwaigen **Fehlverhalten des Klägers** ausgegangen, das zB in einem zu späten Bremsen liegen kann, sodass sie (nur) zur hälftigen Regulierung der Schäden bereit waren.

» Nun möchte der Kläger aber 100 % seines Schadens reguliert bekommen. Unter welchen Umständen wäre das möglich?

Eine höhere als die hälftige Schadensregulierung kommt nur dann in Betracht, wenn unserem Mandanten eine **weit überwiegende Verantwortlichkeit** für den Unfall trifft. Die dem Kläger anzurechnende Betriebsgefahr in Höhe von 10 % entfällt nur dann, wenn unserem Mandanten **grobes Verschulden** zur Last gelegt werden kann. Denkbar wäre das nur, wenn der Kläger beweisen kann, dass er entsprechend der Pflicht aus *§ 4 Abs. 1 S. 1 StVO* zwar **ausreichenden Abstand** gehalten hat, es aber dennoch zum Unfall gekommen ist, weil unser Mandant **ohne zwingenden Grund stark bremste** und so gegen *§ 4 Abs. 1 S. 2 StVO* verstieß.

» Das haben Sie gut hergeleitet. Wo Sie bereits die Beweislast des Klägers ansprechen: Zum Beweis seines Vortrags beruft sich der Kläger auf eine in seinem Auto installierte „Dashcam". Sind solche Aufzeichnungen im Zivilprozess überhaupt als Beweismittel zulässig?

Zwar verstößt eine Aufzeichnung in der Regel gegen *§ 4 BDSG* sowie gegen die zusätzlich in Kraft getretenen Vorschriften der DSGVO, da sie ohne Einwilligung der anderen Verkehrsteilnehmer erfolgt ist. Dennoch ist die vorgelegte Videoaufzeichnung laut Rechtsprechung des BGH **als Beweismittel im Unfallhaftpflichtprozess verwertbar**. Die Unzulässigkeit oder Rechtwidrigkeit einer Beweiserhebung führt im Zivilprozess nicht ohne Weiteres zu einem Beweisverwertungsverbot.* Der Mandant muss also davon ausgehen, dass das Gericht die Dashcam-Aufzeichnungen als Beweis berücksichtigen wird.

Examensrelevante Problematik

Das Dashcam-Urteil des BGH wird immer wieder abgefragt. Die Entscheidung hat sich zu einem „Dauerbrenner" in der mündlichen Prüfung im 2. Examen entwickelt, den man auf jeden Fall kennen sollte.

» *Wir gehen davon aus, dass unser Mandant im Verfahren vollumfänglich unterliegt und zur Zahlung verurteilt wird. Da er jedoch nicht bereit ist, aufgrund „dieses falschen Urteils" Schadensersatz zu zahlen, bereitet der Kläger die Zwangsvollstreckung vor. Was sind die allgemeinen Voraussetzungen einer Zwangsvollstreckung?*

Neben dem Vorliegen eines **vollstreckungsfähigen Titels** sowie einer entsprechenden Klausel muss der Titel dem Schuldner zugestellt sein. Zudem bedarf es eines **Antrags des Gläubigers** und es dürfen keine Vollstreckungshindernisse bestehen.

» *Was ist denn eine Klausel und welche Arten von Klauseln kennt das Gesetz?*

Die **Vollstreckungsklausel** hat den in *§ 725 ZPO* genannten Wortlaut und wird der vollstreckbaren Ausfertigung des Urteils unten angefügt.

---

* BGH, Urteil vom 15. Mai 2018 – Az.: VI ZR 233/17. Nach den Ausführungen des BGH spricht für eine Verwertbarkeit solcher Aufnahmen im Unfallhaftpflichtprozess ua, dass der Gesetzgeber den Beweisinteressen des Unfallgeschädigten durch die Regelung des § 142 StGB (Unerlaubtes Entfernen vom Unfallort) ein besonderes Gewicht zugewiesen hat.

Das Gesetz kennt **einfache und qualifizierte Klauseln**, wobei letztere immer nur dann erforderlich sind, wenn das Gesetz dies so bestimmt. Ein Beispiel für eine erforderliche qualifizierte Klausel ist die Vollstreckung aufgrund einer **Zug-um-Zug-Verurteilung**.

» Der Kläger möchte den Gehaltsanspruch unseres Mandanten pfänden lassen. Welches Organ der Rechtspflege ist hierfür zuständig?

Für Vollstreckungen wegen Geldforderungen in Forderungen und andere Vermögensrechte ist nach *§ 828 Abs. 1 ZPO* das **Vollstreckungsgericht zuständig**. Das Vollstreckungsgericht ist dabei das Amtsgericht, bei dem der Schuldner seinen allgemeinen Gerichtsstand hat. In funktioneller Hinsicht ist nach *§ 20 Nr. 16 RPflG* der **Rechtspfleger** zuständig.

» Wie kann der Mandant gegen die Vollstreckung vorgehen, wenn er behauptet, den Betrag bereits eine Woche nach Verkündung des Urteils gezahlt zu haben?

Der Gerichtsvollzieher wird die Zwangsvollstreckung gemäß *§ 775 Nr. 5 ZPO* einstellen, wenn der Mandant einen **Überweisungsnachweis vorlegen** kann. Setzt der Gerichtsvollzieher dennoch die Vollstreckung fort, kann der Mandant hiergegen die **Erinnerung nach *§ 766 ZPO*** einlegen.

Wenn er **keinen Beleg hat**, muss er gegen den Vollstreckungsgläubiger gemäß *§ 767 ZPO* Vollstreckungsgegenklage erheben.

» Ist er mit dieser Einwendung gegen die Vollstreckung nicht präkludiert?

Nein, nach § *767 Abs. 2 ZPO* sind nur solche **Einwendungen** präkludiert, die man im Prozess, aus dem der Titel resultiert, bereits hätte geltend machen können. Einwendungen, die erst **nach dem Schluss der mündlichen Verhandlung** entstanden sind, können dagegen im Rahmen einer Klage nach *§ 767 ZPO* geltend gemacht werden. Da unser Mandant vorträgt, erst nach Verkündung des Urteils gezahlt zu haben, ist eine Präklusion nicht gegeben.

» Und was sollte der Mandant zeitgleich mit der Vollstreckungsabwehrklage bei Gericht beantragen?

Er sollte gemäß *§ 769 ZPO* einen **Antrag auf Einstellung bzw. Aufhebung** der zwangsvollstreckungsrechtlichen Maßnahmen beantragen. Zudem hat der Mandant, sofern die Vollstreckungsabwehrklage erfolgreich ist, einen Anspruch gegen den Vollstreckungsgläubiger auf **Herausgabe des Vollstreckungstitels**; weigert sich dieser, den Titel herauszugeben, kann der Anspruch vom Mandanten nach *§ 371 BGB* analog eingeklagt werden.

» Und wie lautet der Tenor im Falle einer erfolgreichen Vollstreckungsgegenklage?

Der **Tenor** lautet: „Die Zwangsvollstreckung aus dem Urteil des [Bezeichnung des Gerichts] vom [Datum] wird für unzulässig erklärt.

Prüfungsgespräch mit weiteren Fragen aus dem Zivilrecht

Im Folgenden möchten wir im Stil eines Prüfungsgesprächs noch auf **weitere Fragen und Themen** eingehen, auf die wir im Rahmen unserer Auswertung der Protokolle gestoßen sind. Diese Fragen und Themen waren zwar das ein oder andere Mal Gegenstand der mündlichen Zivilrechtsprüfung; sie kamen aber nicht derart oft vor, dass es unserer Ansicht nach angebracht gewesen wäre, diese ebenso umfangreich darzustellen, wie die zuvor behandelten Themen. Dies ändert aber nichts daran, dass man sich **zur optimalen Vorbereitung auf die mündliche Prüfung** auch mit den folgenden Fragen sorgfältig beschäftigen sollte.

» Fall 1: Ein Mandant betritt die Kanzlei und berichtet, dass er vom X aus einem Darlehensvertrag noch 3.000 Euro bekommt. Er möchte schnellstmöglich einen Titel erlangen, um vollstrecken zu können. Was raten Sie ihm?

Haben **außergerichtliche Einigungsversuche** keinen Erfolg gebracht, bietet sich das Mahnverfahren nach den *§§ 688 ff. ZPO* an, um schnellstmöglich einen Vollstreckungsbescheid als Titel zu erwirken. Statthaft ist das Mahnverfahren immer dann, wenn ein Anspruch geltend gemacht wird, der die **Zahlung einer Geldsumme in Euro** zum Gegenstand hat (*§ 688 Abs. 1 ZPO*).*

---

* Oftmals haben wir in Protokollen auch die Frage gefunden, bei welchem Gericht konkret der Erlass eines Mahnbescheids zu beantragen ist. Man muss also das Gericht, das im eigenen Bundesland das zuständige zentrale Mahngericht im Sinne des § 689 Abs. 3 ZPO ist, kennen. Eine Liste der in den Ländern zuständigen Mahngerichte findet man im Thomas/Putzo, § 689, Rn. 7.

» Angenommen die 3.000 Euro wären der Kaufpreis für einen PKW des Mandanten. Der Mandant hat den PKW noch nicht an den Gegner übergeben. Wäre auch dann das Mahnverfahren statthaft?

Nein. Wenn der Zahlungsanspruch noch von einer zu erbringenden Gegenleistung abhängt, ist das Mahnverfahren nach *§ 688 Abs. 2 Nr. 2 ZPO* **nicht zulässig**.

» Zurück zum ursprünglichen Fall: Welche Möglichkeiten hat nun der Schuldner, dem der Mahnbescheid zugestellt wurde?

Der Schuldner hat eine **Frist von zwei Wochen ab Zustellung** des Mahnbescheids, Widerspruch gegen diesen einzulegen. Macht er dies, so wird unser Mandant über diesen Widerspruch in Kenntnis gesetzt (*§ 695 ZPO*). Der Mandant hat dann die Möglichkeit, die **Durchführung eines streitigen Verfahrens** zu beantragen.* Die Rechtssache wird dann an das im Mahnantrag bezeichnete Gericht abgegeben.

» Und was passiert, wenn der Schuldner auf den Mahnbescheid nicht reagiert?

Unternimmt der Schuldner nichts, wird auf Antrag unseres Mandanten gemäß *§ 699 Abs. 1 ZPO* ein **Vollstreckungsbescheid** erlassen. Auf Grundlage dieses Vollstreckungsbescheids kann anschließend die **Zwangsvollstreckung durchgeführt** werden, sofern der Schuldner gegen den Vollstreckungsbescheid keinen Einspruch einlegt.

» Gehen Sie davon aus, dass der Schuldner Widerspruch eingelegt hat. Das nun zuständige Amtsgericht hat die Sache – nach Durchführung des schrift-

* Der Antrag, im Falle des Widerspruchs durch den Schuldner das streitige Verfahren durchzuführen, kann auch bereits im Mahnantrag aufgenommen werden, vgl. § 696 Abs. 1 S. 2 ZPO.

lichen Vorverfahrens – terminiert. Beginnt nach Aufruf der Sache direkt die streitige Verhandlung?

Nein. Vor einer streitigen Verhandlung ist nach *§ 278 Abs. 2 ZPO* regelmäßig **der Versuch einer gütlichen Beilegung** des Rechtsstreits zu unternehmen, die sogenannte Güteverhandlung.

» *Die Güteverhandlung war erfolglos. Wie geht es nun weiter?*

Nach der Güteverhandlung folgt die streitige Verhandlung. Der Beschleunigungsgrundsatz gebietet es, dass eine Rechtssache grundsätzlich in einem Haupttermin **zur Entscheidungsreife gebracht wird**. Dementsprechend schließt sich an die streitige Verhandlung unmittelbar eine ggf. durchzuführende Beweisaufnahme an.

Vorbereitende Zeugenladung

Der Richter hat aus diesem Grund gemäß *§ 273 Abs. 2 ZPO* vorbereitend zum Termin von den Parteien benannte Zeugen zu laden.

» *Wo wir gerade bei der Beweisaufnahme sind: Welche Beweismittel kennt die Zivilprozessordnung?*

S = Sachverständigenbeweis

A = Augenscheinsbeweis

P = Beweis durch Parteivernehmung

U = Urkundsbeweis

Z = Beweis durch Zeugen

A = Beweis durch amtliche Auskunft

Weitere Beweismittel gibt es nicht („Strengbeweisverfahren“).

» Versetzen Sie sich in die Lage des Beklagten, der nach der Beweisaufnahme erkennt, dass er sich nicht erfolgreich gegen die Klage verteidigen können wird. Was ist diesem anzuraten?

Der Beklagte sollte **aus Kostengründen kein streitiges Urteil** kassieren, sondern das Verfahren vorzeitig beenden. Hätte der Beklagte bereits vor der mündlichen Verhandlung die Aussichtslosigkeit seiner Verteidigung erkannt, hätte er die 3.000 Euro an den Kläger überweisen und dann auf eine **übereinstimmende Erledigungserklärung** oder Rücknahme der Klage durch den Kläger hinwirken können. Wenn er – wie in dem vorliegenden Fall – erst im Haupttermin sich zu einer vorzeitigen Beendigung des Rechtsstreits aus Kostengründen entschließt, bietet sich als Möglichkeiten noch ein **sofortiges Anerkenntnis** gemäß *§ 93 ZPO* an.

» Kann der Beklagte nicht auch eine einseitige Erledigungserklärung abgeben?

Das ist nicht möglich. Nur der Kläger kann den Streitgegenstand bestimmen und über ihn verfügen.

» Der Beklagte unternimmt nichts, sondern kassiert letztlich ein streitiges Urteil. Wie viele Titel erlangen Sie als Kläger nach diesem für Sie erfolgreichen Prozess?

Man erlangt zwei Titel: Zum einen das Urteil **als Titel in der Hauptsache** und als Grundlage für die Vollstreckung der 3.000 Euro. Zum anderen den **Kostenfeststellungsbeschluss** nach den *§§ 103 ff. ZPO*, der die Höhe der Prozesskosten tituliert.

» Wenn der Beklagte gegen das Urteil keine Rechtsmittel einlegt, wird das Urteil bekanntlich rechtskräftig. Was versteht man unter Rechtskraft?

Man unterscheidet die **formelle und materielle Rechtskraft** einer Entscheidung:

Formell rechtskräftig sind gemäß *§ 705 ZPO* Entscheidungen, die mit einem Rechtsmittel **nicht mehr angefochten** werden können.

Die formelle Rechtskraft ist Voraussetzung für die materielle Rechtskraft. Die Wirkung der materiellen Rechtskraft (*§ 322 ZPO*) kommt darin zum Ausdruck, dass eine **neue Verhandlung über denselben Streitgegenstand** ausgeschlossen ist.*

» *Abschließende Frage hierzu: Sie verwenden im Zusammenhang mit der Rechtskraftwirkung den Begriff Streitgegenstand. Wie bestimmt sich der Streitgegenstand?*

Nach der vorherrschenden Auffassung ist der Streitgegenstand **zweigliedrig zu bestimmen**: Zum einen anhand des Klageantrags und zum anderen anhand des der Klage zugrundeliegenden Lebenssachverhalts. Gesetzliche Grundlage für die Zweigliedrigkeit der Bestimmung des Streitgegenstandes ist *§ 253 Abs. 2 Nr. 2 ZPO*.

» *Fall 2: Eine Mandantin kommt zu Ihnen in die Kanzlei und berichtet, dass es nach der Renovierung des Bads zu Schimmelbildung gekommen ist. An den Arbeiten waren zwei Handwerker beteiligt, die die Verantwortung dafür auf den jeweils anderen schieben. Im Rahmen der erforderlichen Aufklärung über die Kosten „beichtet“ die Mandantin, sich eigentlich einen Anwalt gar nicht leisten zu können. Was ist ihr zu raten?*

Im vorprozessualen Verfahren hat die Mandantin die Möglichkeit, **Beratungshilfe** zu beantragen (vgl. *§ 1 BerHG*). Dazu ist ein Antrag beim zu-

* Die Rechtskraft ist zudem in objektiver und subjektiver Hinsicht begrenzt: Objektiv rechtskräftig wird allein der Ausspruch des Gerichtes über den Streitgegenstand in der Urteilsformel. Subjektiv wirkt das Urteil nur „inter partes“, das heißt für oder gegen die Parteien des jeweiligen Rechtsstreits (vgl. § 325 Abs. 1 ZPO).

ständigen Amtsgericht zu stellen. Das Amtsgericht stellt dann einen Beratungsschein aus.

Für das gerichtliche Verfahren sollte die Mandantin **einen Antrag auf Prozesskostenhilfe** stellen. Die Mandantin ist aber unbedingt darauf hinzuweisen, dass sie gemäß *§ 123 ZPO* trotz PKH die Kosten des Gegners zu tragen hat, falls sie die Klage verliert.

» Welche Voraussetzungen stellt das Gesetz für die Gewährung von Prozesskostenhilfe auf?

Voraussetzungen für die Bewilligung von PKH sind nach *§ 114 ZPO*

- hinreichende Aussicht auf Erfolg der Klage,
- persönliche und wirtschaftliche Bedürftigkeit und
- keine Mutwilligkeit der Rechtsverfolgung.

Ein **Beispiel für Mutwilligkeit** im Sinne des *§ 114 Abs. 2 ZPO* ist das Erheben einer Klage, obwohl die Forderung nicht bestritten wird und das Mahnverfahren zur Erlangung eines Titels möglich ist.

» Zurück zum eigentlichen Fall: Welche prozessualen Besonderheiten fallen Ihnen als gut ausgebildetem Anwalt ein, die sich bei dem geschilderten Fall geradezu aufdrängen?

Zum einen **ist es der Mandantin unzumutbar**, den Schimmel weiter in ihrem Bad zu dulden, auch wenn dieser gerade der Beweis dafür ist, dass die Leistung von einem der Handwerker mangelhaft war. Es ist daher an ein **selbständiges Beweisverfahren** nach den *§§ 485 ff. ZPO* zu denken. Danach kann auf Antrag– eine Beweisaufnahme zB durch Einholung eines Sachverständigengutachtens oder Inaugenscheinnahme durchgeführt werden, um notwendige Beweise zu sichern.

Zum anderen kommt im vorliegenden Fall **eine Streitverkündung** nach den *§§ 72 ff. ZPO* in Betracht. Nachdem vorprozessual beide Handwerker vergeblich zur Beseitigung des Mangels aufgefordert wurden, ist es für die Mandantin ratsam, einen der beiden Handwerker zu verklagen und dem anderen den Streit zu verkünden.

» Was sind die Wirkungen der Streitverkündung in materieller und prozessualer Hinsicht?

Materiell-rechtliche Wirkung der Streitverkündung ist die Hemmung der Verjährung. Prozessuale Wirkung ist der **Eintritt der Nebeninterventionswirkung** entsprechend *§ 68 ZPO*: Der Handwerker, dem der Streit verkündet wurde, kann in einem Folgeprozess nicht zulasten unserer Mandantin einwenden, die tatsächlichen und rechtlichen Feststellungen im vorangegangenen Prozess seien falsch.

» Fall 3: Ein Journalist betritt die Kanzlei und legt eine einstweilige Verfügung vor, die es ihm untersagt, einen angekündigten Artikel tatsächlich zu veröffentlichen. Was ist eine einstweilige Verfügung?

Eine einstweilige Verfügung ist **eine Art des einstweiligen Rechtsschutzes*** im Zivilprozess. Daneben gibt es noch den sogenannten Arrest.

Der Arrest dient der Sicherung der Zwangsvollstreckung wegen eines Anspruchs, der auf die Zahlung von Geld gerichtet ist (*§ 916 ZPO*); die einstweilige Verfügung dient dagegen **der vorläufigen Sicherung der**

* Der einstweilige Rechtsschutz war in den von uns durchgesehenen Protokollen äußerst selten Gegenstand der Prüfung. Dennoch empfehlen wir, die §§ 916 ff. ZPO zur Vorbereitung einmal zu lesen. In der Praxis haben einstweilige Verfügungen insbesondere im Wettbewerbsrecht eine hohe Relevanz.

Vollstreckung sonstiger Ansprüche wie zB von Ansprüchen auf Herausgabe oder – wie vorliegend – auf Unterlassung (*§ 935 ZPO*).

» Wie kann der Mandant gegen die einstweilige Verfügung vorgehen?

Nach den *§§ 936, 924, 925 ZPO* besteht die Möglichkeit **Widerspruch bzw. Berufung** einzulegen.

» Nehmen Sie an, der Journalist befürchtet lediglich, dass gegen seine Berichterstattung in Kürze eine einstweilige Verfügung erwirkt werden soll. Kann er bereits jetzt rechtlich etwas unternehmen?

Es besteht dann die Möglichkeit, bei dem voraussichtlich für den Erlass der einstweiligen Verfügung zuständigen Gericht **eine sogenannte Schutzschrift** zu hinterlegen. Die Schutzschrift ist ein vorbeugendes Verteidigungsmittel mit dem Ziel, dass entweder gar keine einstweilige Verfügung erlassen wird oder dass das Gericht zumindest eine solche nicht ohne mündliche Verhandlung hierzu erlässt.

» Reicht es nicht aus, dass der Journalist die Beantragung der einstweiligen Verfügung abwartet und dann im Rahmen der mündlichen Prüfung seine Argumente gegen den Erlass einer solchen vorträgt?

Dieses Vorgehen ist nicht anzuraten, da nach *§ 937 Abs. 2 ZPO* die Entscheidung über den Erlass einer einstweiligen Verfügung **auch ohne vorherige mündliche Verhandlung** ergehen kann.

» Gibt es eine gesetzliche Regelung zur Schutzschrift?

Ja. Nachdem die Möglichkeit der Hinterlegung einer Schutzschrift lange Zeit zwar nicht gesetzlich geregelt war, aber dennoch für zulässig erachtet wurde, findet sich seit Ende 2013 eine **ausdrückliche Regelung in *§ 945a ZPO***. Danach wird durch die Landesjustizverwaltung ein zentrales Schutzschriftregister geführt. Schutzschriften werden für einen Zeitraum von sechs Monaten für die Gerichte bereitgehalten. Dabei gilt eine Schutzschrift mit Einstellung in das Register als **bei allen ordentlichen Gerichten der Länder** eingereicht; man muss also – anders als früher – nicht bei jedem möglicherweise zuständigen Gericht eine Schutzschrift hinterlegen (vgl. *§ 945a Abs. 2 ZPO*).*

* Natürliche Personen können Schutzschriften aber auch weiterhin bei einzelnen Gerichten einreichen. Die Nutzung des Schutzschriftenregisters ist also nicht zwingend.

Abschnitt 3

» Standardfragen und -themen in der mündlichen Prüfung im Strafrecht

Zuständigkeiten, Instanzenzug und Besetzung der Gerichte im Strafprozess

Rechtsgebietsübergreifend gibt es kein Thema, auf das wir **in den Protokollen häufiger gestoßen sind**, als die Zuständigkeiten, der Instanzenzug sowie die Besetzung der Gerichte im Strafprozess. Schwächen in diesem Bereich darf man sich also auf keinen Fall leisten. Egal welche Straftatbestände in materiell-rechtlicher Hinsicht Thema der Prüfung sind bzw. welche Fälle der Prüfer von den Kandidaten lösen lässt: Am Ende der Prüfung* bietet sich stets die Frage an, **bei welchem Gericht nun Anklage zu erheben ist**, in welcher Besetzung das Gericht entscheidet und wie der weitere Instanzenzug nach Einlegen von Rechtsmitteln aussieht.

» Zuständigkeit der Landgerichte in der 1. Instanz

Nach den Zuständigkeitsvorschriften des GVG ist grundsätzlich die **(große) Strafkammer des Landgerichts** erstinstanzlich für Verbrechen zuständig, wenn nicht abweichend hiervon das Amtsgericht oder Oberlandesgericht zuständig ist (*§ 74 GVG*). Bei den in *§ 74 Abs. 2 GVG* genannten Verbrechen wie zum Beispiel Totschlag oder Raub mit Todesfolge ist die **Strafkammer als sogenanntes Schwurgericht** zuständig.

Besetzung der Strafkammern des Landgerichts: Gemäß *§ 76 Abs. 2 S. 4 GVG* grundsätzlich zwei Berufsrichter einschließlich des Vorsitzenden sowie zwei Schöffen. Nur wenn insbesondere **nach dem Umfang oder der Schwierigkeit der Sache** die Mitwirkung eines dritten Berufsrichters notwendig erscheint, besteht die Strafkammer aus drei Berufsrichtern und

* Es gibt aber auch einige Prüfer, die den Instanzenzug – losgelöst von einem konkreten Fall – gleich am Anfang ihrer Prüfung „zum Aufwärmen“ thematisieren.

zwei Schöffen. Ist die Strafkammer als Schwurgericht tätig, ist die Besetzung stets drei Berufsrichter und zwei Schöffen.

» Zuständigkeit der Amtsgerichte in der 1. Instanz

Abweichend von dem oben genannten Grundsatz ist der **Strafrichter am Amtsgericht** zuständig für Vergehen mit einer Straferwartung von bis zu zwei Jahren.

Bei Vergehen mit einer Straferwartung von zwei bis vier Jahren oder Verbrechen mit einer Straferwartung bis vier Jahren ist das **Schöffengericht beim Amtsgericht** erstinstanzlich zuständig.

Besetzung des Schöffengerichts beim Amtsgericht: Gemäß *§ 29 GVG* besteht das Schöffengericht aus dem Richter beim Amtsgericht als Vorsitzenden und zwei Schöffen.

» Zuständigkeit der Oberlandesgerichte in der 1. Instanz

Lediglich für die **in *§ 120 GVG* genannten Katalogstraftaten** bzw. in den Fällen, in denen wegen der Bedeutung der Sache der Generalbundesanwalt die Verfolgung der Straftat übernimmt, sind die Oberlandesgerichte in der 1. Instanz zuständig.

OLG-Zuständigkeit

Ein Beispiel für die erstinstanzliche Zuständigkeit des OLG war der NSU-Prozess vor dem OLG München.

Besetzung der Strafsenate beim Oberlandesgericht: Gemäß *§ 122 GVG* entscheiden die Strafsenate grundsätzlich in der Besetzung von fünf Berufsrichtern.

» *Zuständigkeit der Landgerichte in der Berufungsinstanz*

Wurde erstinstanzlich Anklage beim Amtsgericht erhoben, ist die Berufung das statthafte Rechtsmittel (vgl. *§ 312 StPO*). Über diese Berufung entscheidet zweitinstanzlich das **Landgericht als kleine Strafkammer**.

Sprungrevision

Auch im Strafrecht gibt es gemäß *§ 335 StPO* eine „Sprungrevision". Man kann also gegen ein erstinstanzliches Urteil, das mit der Berufung angefochten werden könnte, direkt eine Revision einlegen.

Besetzung der kleinen Strafkammer beim Landgericht: Gemäß *§ 76 GVG* sind die kleinen Strafkammern mit einem Berufsrichter und zwei Schöffen besetzt.

» Zuständigkeit der Oberlandesgerichte als Revisionsinstanz

In dem Fall, dass das **erstinstanzliche Urteil von einem Strafrichter bzw. einem Schöffengericht beim Amtsgericht** gesprochen wurde, ist nach der Berufung beim Landgericht (siehe oben) die Revision beim OLG möglich.

Besetzung der Senate im Falle der Revision: Die Senate entscheiden in der Besetzung von drei Berufsrichtern (*§ 122 GVG*).

» Zuständigkeit des BGH als Revisionsinstanz

Fand das **erstinstanzliche Verfahren vor dem Landgericht oder Oberlandesgericht** statt, ist gegen ein Urteil ausschließlich die Revision vor dem Bundesgerichtshof statthaft.

Besetzung der Senate beim BGH: Die Senate des Bundesgerichtshofes entscheiden in der Besetzung von fünf Mitgliedern einschließlich des Vorsitzenden (*§ 139 GVG*).

» Zusammenfassung

Zunächst muss man sich klarmachen, dass die erstinstanzliche Zuständigkeit einerseits von der **zu erwartenden Straferwartung** sowie andererseits von den besonderen **Zuständigkeitsvorschriften bei Katalogstraftaten** abhängt.

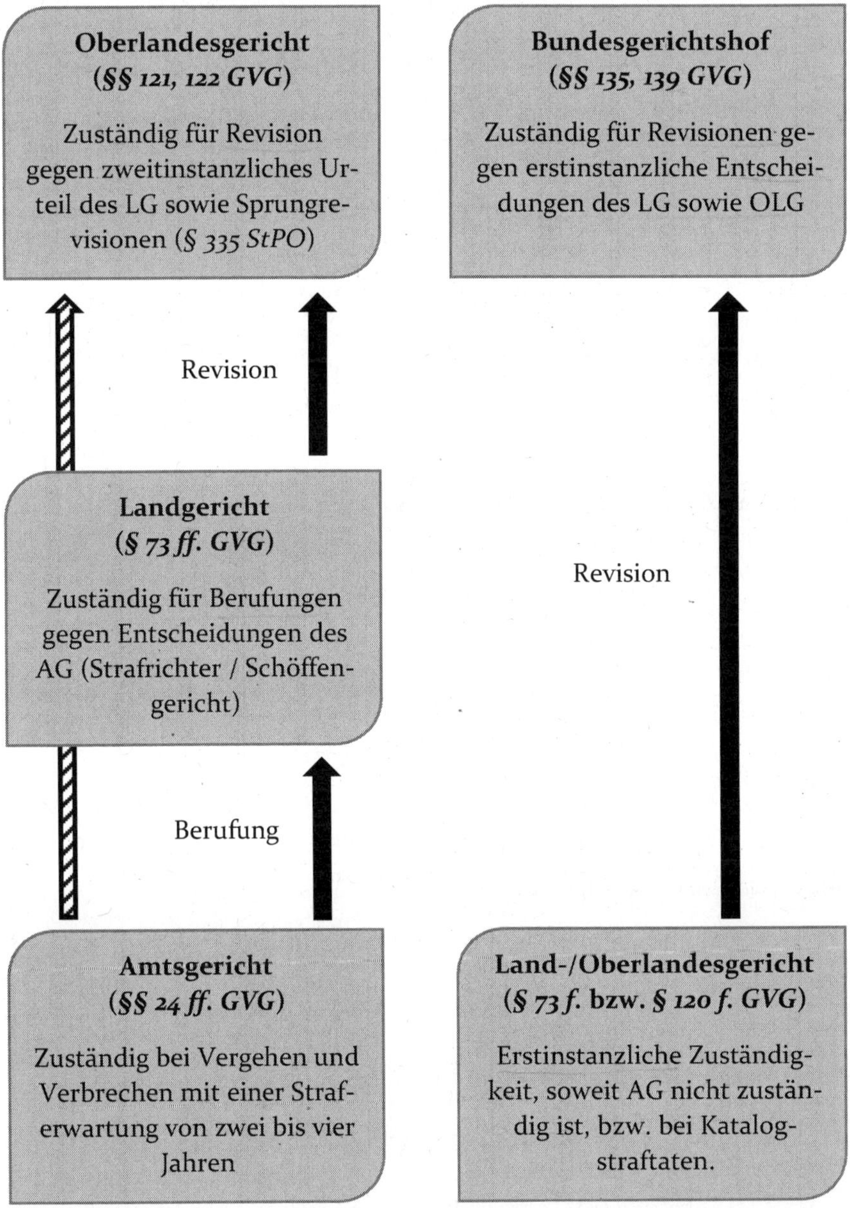
Oberlandesgericht
(§§ 121, 122 GVG)
Zuständig für Revision gegen zweitinstanzliches Urteil des LG sowie Sprungrevisionen (§ 335 StPO)
Bundesgerichtshof
(§§ 135, 139 GVG)
Zuständig für Revisionen gegen erstinstanzliche Entscheidungen des LG sowie OLG
Revision
Landgericht
(§ 73 ff. GVG)
Zuständig für Berufungen gegen Entscheidungen des AG (Strafrichter / Schöffengericht)
Revision
Berufung
Amtsgericht
(§§ 24 ff. GVG)
Zuständig bei Vergehen und Verbrechen mit einer Straferwartung von zwei bis vier Jahren
Land-/Oberlandesgericht
(§ 73 f. bzw. § 120 f. GVG)
Erstinstanzliche Zuständigkeit, soweit AG nicht zuständig ist, bzw. bei Katalogstraftaten.

Auch wenn die Zuständigkeiten auf den ersten Blick verwirrend erscheinen, lässt sich die **erstinstanzliche Zuständigkeit** also kurz und prägnant wie folgt zusammenfassen:

Grundsätzlich nach **Straferwartung** ...

- Vergehen mit einer Straferwartung von bis zu zwei Jahren: Amtsgericht (Strafrichter)
- Vergehen mit einer Straferwartung von zwei bis vier Jahren oder Verbrechen mit einer Straferwartung bis vier Jahren: Amtsgericht (Schöffengericht)
- im Übrigen: Landgericht (große Strafkammer)

... es sei denn **Katalogstraftat**

- bei Katalogstraftat nach *§ 74 Abs. 2 GVG*: Landgericht (Schwurgericht)
- bei Katalogstraftat nach *§ 120 Abs. 2 GVG*: Oberlandesgericht

Der **Instanzenzug** lautet dann:

- 1. Instanz: Amtsgericht -> Berufung: Landgericht (kleine Strafkammer) -> Revision: Oberlandesgericht
- 1. Instanz: Landgericht -> Revision: Bundesgerichtshof
- 1. Instanz: Oberlandesgericht -> Revision: Bundesgerichtshof

Die **Besetzung der Gerichte** muss man schließlich einfach auswendig lernen.

Unterschied des Instanzenzugs im Zivil- und Strafrecht

Wichtig für das Verständnis ist es, folgenden Unterschied zu verinnerlichen, wenn in der 1. Instanz das Amtsgericht zuständig ist:

Zivilrecht – Berufung: Landgericht; Revision: Bundesgerichtshof

Strafrecht – Berufung: Landgericht; Revision: Oberlandesgericht
=> Gegen ein strafrechtliches Amtsgerichtsurteil kann man also niemals beim BGH vorgehen!

(Weitere) Original-Prüfungsfragen im Zusammenhang mit dem Instanzenzug und der Besetzung der Strafgerichte

» Wie grenzen sich die Begriffe „Vergehen" und „Verbrechen" voneinander ab?

Verbrechen sind rechtswidrige Taten, die im **Mindestmaß mit Freiheitsstrafe von einem Jahr** oder darüber bedroht sind; Vergehen sind alle Straftaten mit einer geringeren Strafandrohung. Relevant ist diese Unterscheidung, da sich eine Zuständigkeit des Strafrichters nur bei Vergehen, nicht jedoch bei Verbrechen ergeben kann.

» Nach Anklage einer Straftat vor dem Strafrichter ergibt sich, dass doch eher mit einer Strafe von mehr als zwei Jahren zu rechnen ist. Was ist die Folge?

Eine Verweisung an das Schöffengericht ist nicht notwendig. Auch ein Strafrichter hat – trotz der Zuständigkeitsregel – eine **Strafgewalt von bis zu vier Jahren**. Er kann also den Angeklagten beispielsweise zu einer Freiheitsstrafe von drei Jahren verurteilen.

» Nach Anklage einer Straftat vor dem Schöffengericht möchte dieses den Angeklagten zu vier Jahren und sechs Monaten Freiheitsstrafe verurteilen. Was ist die Folge?

Eine solche **Verurteilung ist rechtswidrig** und verstößt gegen *§ 24 Abs. 2 GVG*. Danach darf ein Amtsgericht nicht auf eine höhere Strafe als vier Jahre Freiheitsstrafe entscheiden. Vielmehr ist die Strafsache an das Landgericht zu verweisen.

Verurteilt das Schöffengericht den Angeklagten dennoch zu vier Jahren und sechs Monaten Freiheitsstrafe, kann gegen dieses Urteil erfolgreich mit der Revision vorgegangen werden.

» Wie wird man Schöffe?

Die Gemeinden stellen alle fünf Jahre eine **Vorschlagsliste für Schöffen** auf. Sofern gegen diese Liste keine Einsprüche erhoben werden, wählt ein Ausschuss bei jedem Amtsgericht aus dieser Liste die erforderliche Zahl an Schöffen für die nächsten fünf Jahre aus.

» Kann man das Schöffenamt ablehnen?

Grundsätzlich nein. Man kann aber gegen die Aufnahme in die Liste Einspruch einlegen, wenn man laut Gesetz **unfähig oder ungeeignet zum Schöffenamt** ist. Ungeeignet ist man beispielsweise dann, wenn man jünger als 25 oder älter als 70 Jahre ist, den Wohnsitz in der Gemeinde aufgegeben hat oder gesundheitliche Gründe gegen die Ausführung des Schöffenamts sprechen.

Verfassungsrechtliche Grundlage des Schöffenamts

Verfassungsrechtlich verankert ist das Schöffenamt in *Art. 20 GG*, wonach alle Staatsgewalt vom Volke ausgeht.

» Wie ist die Gewichtung der Stimmen von Berufsrichtern einerseits und von Schöffen andererseits?

Die Stimmen aller Richter – also auch der Laienrichter – zählen gleich viel. Nach *§ 196 GVG* entscheidet das Gericht **mit absoluter Mehrheit**. Bei einem Schöffengericht können die beiden Schöffen also durchaus den Berufsrichter überstimmen.

Ist die große Strafkammer beim Landgericht mit zwei Berufsrichtern und zwei Schöffen besetzt, entscheidet bei Stimmengleichheit nach *§ 196 Abs. 4 GVG* im Zweifel die Stimme des Vorsitzenden.

» *Woher stammt der Begriff „Schwurgericht"?*

Von 1878 bis 1924 gab es noch ein **echtes Geschworenengericht**, das als Schwurgericht bezeichnet wurde. Dieses Gericht setzte sich aus drei Berufsrichtern und zwölf Geschworenen zusammen. Die Geschworenen entschieden allein über die Frage, **ob der Angeklagte schuldig ist**, während die Berufsrichter die Verhandlung leiteten und über die Strafzumessung entschieden.

Dieses klassische Geschworenengericht wurde durch Verordnung vom 04.01.1924 abgeschafft. Seitdem hat der Begriff des Schwurgerichts lediglich **historische Bedeutung**.

Grundsätze des Strafprozesses

Gerne leiten Prüfer ihren Prüfungsabschnitt mit „Fragen zum Aufwärmen" ein, bevor dann konkrete Fälle besprochen werden. In diesem Zusammenhang finden sich in den Protokollen oftmals Fragen zu den **grundlegenden Verfahrensmaximen im Strafprozess**. Diese zum Basiswissen zählenden Grundsätze muss man auf jeden Fall kennen und – inklusive der gesetzlichen Ausprägungen – nennen können.

» *Offizialprinzip*

Nach dem Offizialprinzip ist die Strafverfolgung alleine Aufgabe des Staates. Dabei hat die Staatsanwaltschaft **das Anklagemonopol** inne, *§ 152 Abs. 1 StPO*. Eine wichtige Ausnahme vom Offizialprinzip ist das Privatklageverfahren, das in den *§§ 374 ff. StPO* geregelt ist.

» *Akkusationsprinzip*

Das Akkusationsprinzip (oder auch Anklagegrundsatz) besagt, dass ein gerichtliches Verfahren nur **nach Erhebung einer Anklage** stattfindet (vgl. *§ 151 StPO*). Da nach *§ 152 Abs. 1 StPO* hierzu die Staatsanwaltschaft berufen ist, stellt das Akkusationsprinzip dadurch sicher, dass Strafverfolgung und Urteilsfindung nicht durch das gleiche Rechtspflegeorgan vorgenommen werden, sondern hierfür **zwei verschiedene Organe** – die Staatsanwaltschaft für die Anklageerhebung sowie das Gericht für die Urteilsfindung – zuständig sind.

» *Legalitätsprinzip*

Das in den *§§ 152 Abs. 2, 170 Abs. 1 StPO* normierte Legalitätsprinzip verpflichtet die Staatsanwaltschaft dazu, **wegen aller verfolgbaren Strafta-**

ten Anklage zu erheben, sofern zureichende tatsächliche Anhaltspunkte vorliegen. Als **Ausnahme hierzu** sind die *§§ 153 ff. StPO* zu nennen (Einstellung aus Opportunitätsgründen). Das hier verankerte Opportunitätsprinzip stellt die „negative Seite des Legalitätsprinzips" dar.

» Untersuchungsgrundsatz

Nach dem Untersuchungsgrundsatz haben die Staatsanwaltschaft und das Gericht den Sachverhalt **von Amts wegen zu ermitteln**. Für die Staatsanwaltschaft ergibt sich dies aus *§ 160 StPO*. Das Gericht hat nach *§ 244 StPO* „die Beweisaufnahme von Amts wegen auf alle Tatsachen und Beweismittel zu erstrecken, die für die Entscheidung von Bedeutung sind".

Ermittlungspflicht der Polizei

Für die Polizei als Ermittlungspersonen der Staatsanwaltschaft ergibt sich der Untersuchungsgrundsatz aus *§ 163 StPO*.

Wichtig: Bereits seit 2004 werden die Polizisten nicht mehr als „Hilfsbeamte" der Staatsanwaltschaft bezeichnet!

Wichtig dabei ist, dass das Gericht **nicht an das Vorbringen, Erklärungen und (Beweis-)Anträge** der Beteiligten gebunden ist. Entsprechend der *§§ 155 Abs. 2, 206 StPO* ist das Gericht berechtigt und verpflichtet, die in der Anklage bezeichnete Tat zu ergründen.

» Grundsatz der Mündlichkeit

Im Strafprozess dürfen gem. den *§§ 261, 264 Abs. 1 StPO* nur solche Tatsachen und Beweise Gegenstand des Urteils sein, die auch in der Hauptverhandlung **mündlich gewürdigt** worden sind.

» *Grundsatz der Unmittelbarkeit*

Nach dem Unmittelbarkeitsgrundsatz muss das Gericht **alle Beweise selbst erheben** und darf diese grundsätzlich nicht durch Surrogate ersetzen. Dieser Grundsatz ist strafprozessrechtlich in *§ 250 StPO* verankert.

Der Wortlaut des *§ 250 StPO*

„Beruht der Beweis einer Tatsache auf der Wahrnehmung einer Person, so ist diese in der Hauptverhandlung zu vernehmen. Die Vernehmung darf nicht durch Verlesung des über eine frühere Vernehmung aufgenommenen Protokolls oder einer schriftlichen Erklärung ersetzt werden."

Ausnahmen zum Unmittelbarkeitsgrundsatz sind das **Verlesen von Protokollen** unter den Voraussetzungen der §§ 251 ff. StPO sowie die Vorführung einer aufgezeichneten Zeugenvernehmung gemäß § 255a StPO.

» *Beschleunigungsgebot*

Das **Beschleunigungsgebot** hält die Rechtspflegeorgane an, das Verfahren so schnell wie möglich durchzuführen; es dient im Strafprozess sowohl den Interessen des Beschuldigten als auch dem öffentlichen Interesse. Verankert ist das Beschleunigungsgebot insbesondere in den *Art. 5, 6 EMRK*, aber auch in **Vorschriften des Strafprozessrechts** wie zB *§§ 121, 122 StPO* (Besondere Anforderungen an die Fortdauer der U-Haft über sechs Monate).

» *Öffentlichkeitsgrundsatz*

Aus dem Grundsatz der Öffentlichkeit des Verfahrens (*§§ 169 ff. GVG*) folgt, dass **der Strafprozess öffentlich stattfindet**. Eine „Geheimjustiz" soll dadurch verhindert werden. Der Öffentlichkeitsgrundsatz gilt für alle Verhandlungen, Beweisaufnahmen sowie die Verkündung von Urteilen und Beschlüssen.

Der Grundsatz der Öffentlichkeit ist im Strafprozessrecht durchbrochen, wenn **Anklage gegen einen Jugendlichen** erhoben wird. Die Hauptverhandlung vor dem Jugendgericht ist nicht öffentlich, vgl. *§ 48 JGG*.

» *Gewährung rechtlichen Gehörs*

Auch im Strafprozess muss den Beteiligten **rechtliches Gehör gewährt werden**; nur solcher Prozessstoff darf der Entscheidung zugrunde gelegt werden, zu dem Gehör gewährt wurde. Ausdruck findet dieser Grundsatz insbesondere im letzten Wort des Angeklagten gemäß *§ 258 Abs. 3 StPO*.

» *in dubio pro reo*

Der Grundsatz „in dubio pro reo" ist wohl der bekannteste Verfahrensgrundsatz im Strafrecht. Er verbietet es, den Angeklagten zu verurteilen, wenn das Gericht noch **vernünftige Zweifel an der Schuld des Angeklagten** hat.

Untersuchungshaft

Ein sehr häufig in den Protokollen genanntes Thema ist die Untersuchungshaft. Gerade wenn in **medial viel beachteten Strafverfahren** prominente Personen vor Gericht stehen und in Untersuchungshaft genommen werden*, greifen viele Prüfer dies auf und stellen Fragen zu den **Voraussetzungen für den Erlass eines Haftbefehls** sowie zu den Rechtsmitteln gegen einen Haftbefehl.

» Grundlagen

Die Untersuchungshaft nach den *§§ 112 ff. StPO* kann **bis zur Rechtskraft des Urteils** erlassen werden – also auch nach Verkündung eines Urteils, gegen das noch Rechtsmittel möglich sind, um die Vollstreckung des Urteils zu gewährleisten. Voraussetzung für die Anordnung sind das **Bestehen eines dringenden Tatverdachts** gegen den Beschuldigten und ferner das Vorliegen einer der in den *§§ 112, 112a StPO* vorgesehenen Haftgründe.

Die **Anordnung dieser Zwangsmaßnahme** ist besonders problematisch, da sie sehr einschneidend für den Betroffenen ist, dessen Schuld noch gar nicht rechtskräftig feststeht. Der Erlass des Haftbefehls ist an **materielle und formelle Voraussetzungen** gebunden.

» Materielle Voraussetzungen des Haftbefehls

(1) Dringender Tatverdacht: Zunächst muss gegen den Beschuldigten oder Angeschuldigten ein dringender Tatverdacht bestehen, *§ 112 Abs. 1 StPO*.

---

* Ein Beispiel aus der jüngeren Vergangenheit hierfür ist der Ex-Audi-Chef Rupert Stadler, der im Zuge des Abgasskandals für vier Monate in U-Haft saß.

Ein solcher ist nur dann anzunehmen, wenn **eine hohe Wahrscheinlichkeit dahingehend** besteht, dass der Beschuldigte auch tatsächlich Täter der ihm zur Last gelegten Tat ist.

(2) Vorliegen eines Haftgrundes: Des Weiteren muss einer der in *§ 112 Abs. 2 Nr. 1, 2 StPO* abschließend genannten **Haftgründe** vorliegen.

- Flucht oder Fluchtgefahr: Bei der Fluchtgefahr müssen konkrete Anhaltspunkte dafür vorliegen, dass tatsächlich die Gefahr besteht, der Beschuldigte werde sich **durch Flucht dem Strafverfahren entziehen**. Das Gericht hat sämtliche bekannten Umstände zu würdigen und in die Beurteilung mit einzubeziehen. Maßgebliche Indizien können z.B. sein: Familiäre Bindungen, fester Arbeitsplatz, besondere Beziehungen ins Ausland (evtl. auch Staatsbürgerschaft), finanzielle Lage etc.
- Verdunkelungsgefahr: *§ 112 Abs. 2 Nr. 3 StPO* zählt die Voraussetzungen der Verdunkelungsgefahr auf, wobei wiederum konkrete Tatsachen eine solche Gefahr begründen müssen: Sie liegt u.a. vor, wenn der dringende Verdacht besteht, der Beschuldigte werde **Beweismittel beiseiteschaffen** oder auf Mitbeschuldigte, Zeugen oder Sachverständige in unlauterer Weise einwirken und wenn deshalb die Gefahr droht, dass die Ermittlung der Wahrheit erschwert werde.
- Verdacht eines Schwerstverbrechens: Nach dem Wortlaut des *§ 112 Abs. 3 StPO* kann U-Haft auch dann verhängt werden, wenn der Beschuldigte verdächtig ist, eine der **dort aufgezählten Katalogtaten** begangen zu haben. Dies ist aber im Hinblick auf den schweren Eingriff in die Freiheitsrechte des noch nicht rechtskräftig verurteilten Beschuldigten äußerst bedenklich. Daher ist die Norm verfassungskonform dahingehend auszulegen, dass ein Haftgrund im Sinne des *§ 112 Abs. 2 StPO* immerhin nicht ausgeschlossen sein darf, da ansonsten die U-Haft den Charakter einer reinen Verdachtsstrafe erhielte.

- Wiederholungsgefahr: *§ 112a StPO* enthält des Weiteren den Haftgrund der **Wiederholungsgefahr**. *§ 112a Abs. 2 StPO* stellt klar, dass die Vorschrift gegenüber den Haftgründen des *§ 112 StPO* subsidiär ist.

(3) Verhältnismäßigkeit: Aufgrund des besonders schweren Grundrechtseingriffs muss der **Verhältnismäßigkeitsgrundsatz beachtet** werden.

» Formelle Voraussetzungen des Haftbefehls

Zuständig für den Erlass eines Haftbefehls ist vor Erhebung der öffentlichen Klage der **Ermittlungsrichter am Amtsgericht**, in dessen Bezirk ein Gerichtsstand begründet ist oder der Beschuldigte sich aufhält (*§ 125 Abs. 1 StPO*). Nach Erhebung der Anklage ist gemäß *§ 125 Abs. 2 StPO* das Gericht der Hauptsache zuständig.

» Rechtsschutz gegen die Haftanordnung

Dem Betroffenen stehen **zwei verschiedene Möglichkeiten des Rechtsschutzes** gegen den Haftbefehl zur Verfügung: die Haftbeschwerde gemäß den *§§ 304 ff. StPO* sowie der Antrag auf Haftprüfung nach *§ 117 Abs. 1 StPO*. Nach sechsmonatiger U-Haft erfolgt eine Überprüfung von Amts wegen durch das OLG (*§ 121 StPO*).

Über die **Haftprüfung nach *§ 117 StPO*** entscheidet der Ermittlungsrichter bzw. – nach Erhebung der öffentlichen Klage – das mit der Sache befasste Gericht. Für die Entscheidung über die **Haftbeschwerde nach den *§§ 304 ff. StPO*** ist dagegen das nächsthöhere Gericht zuständig (Devolutiveffekt).

Wahl des „richtigen" Rechtsschutzes

Gerade weil über eine Haftprüfung derselbe Ermittlungsrichter entscheidet, der den ursprünglichen Haftbefehl erlassen hat, macht eine Haftprüfung in der Regel nur dann Sinn, wenn sich aufgrund neuer Ermittlungsergebnisse der dem Haftbefehl zugrunde liegende Sachverhalt geändert hat.

Ein wichtiger Unterschied zwischen beiden Rechtsbehelfen betrifft die Frage, ob **eine mündliche Verhandlung vor der Entscheidung** erzwungen werden kann:

- Bei der Haftprüfung ist gemäß *§ 118 Abs. 1 StPO* auf Antrag des Beschuldigten eine mündliche Verhandlung durchzuführen.
- Bei der Haftbeschwerde dagegen kann gemäß *§ 118 Abs. 2 StPO* auf Antrag des Beschuldigten nach einer mündlichen Verhandlung entschieden werden – hier liegt die Entscheidung über eine vorherige mündliche Verhandlung also im Ermessen des Gerichts.

(Weitere) Original-Prüfungsfragen im Zusammenhang mit dem Thema Haft

» Welche weiteren relevanten Haftarten gibt es im Strafprozessrecht?

Neben der Untersuchungshaft (*§§ 112 ff. StPO*) sind dies vor allem die Erzwingungshaft (*§ 70 Abs. 2 StPO*), der Vollstreckungshaftbefehl (*§ 457 Abs. 2 StPO*) und die Ordnungshaft (*§ 177 GVG*).

Umfang der Erzwingungshaft

§ 70 Abs. 2 StPO gilt über den Wortlaut hinaus auch dann, wenn ein Zeuge sich weigert, den Eid zu sprechen.

Die **Erzwingungshaft (oder auch „Beugehaft")** kann gegen Zeugen verhängt werden, die das Zeugnis verweigern, obwohl ihnen kein Zeugnisverweigerungsrecht zusteht. Die Anordnung dieser Haft steht **im Ermessen des Gerichts**; sie darf aber nicht von der Prognose abhängig gemacht werden, ob der Zeuge überhaupt durch die Haft zur Aussage bewegt werden kann. Die Dauer der Erzwingungshaft ist **auf sechs Monate beschränkt**. Sie endet auch mit Beendigung des Verfahrens in dem jeweiligen Rechtszug.

Ein **Vollstreckungshaftbefehl** kann erlassen werden, wenn ein Verurteilter die Ladung zum Strafantritt nicht beachtet. Der Vollstreckungshaftbefehl dient also der Durchsetzung und Sicherung der Strafvollstreckung.

Ordnungshaft im Sinne des *§ 177 GVG* kann gegen bei der Hauptverhandlung beteiligte Personen oder auch Zuschauer verhängt werden, wenn jemand einer Anordnung des Gerichts schuldhaft nicht Folge leistet. In zeitlicher Hinsicht ist die Ordnungshaft **für maximal 24 Stunden zulässig** und in jedem Fall auf die Dauer der Sitzung beschränkt.

Keine Ordnungshaft gegen Organe der Rechtspflege

Wegen des eindeutigen Wortlauts der Vorschrift darf die Ordnungshaft aber nicht gegen den Verteidiger des Angeklagten oder den Staatsanwalt verhängt werden.

» *Welche Verdachtsstufen gibt es und wie sind diese definiert?*

Dringender Tatverdacht: Ein **dringender Tatverdacht** ist nur dann anzunehmen, wenn eine hohe Wahrscheinlichkeit dahingehend besteht, dass der Beschuldigte auch tatsächlich Täter der ihm zur Last gelegten Tat ist.

Hinreichender Tatverdacht: Ein **hinreichender Tatverdacht** liegt vor, wenn nach Abschluss der Ermittlungen eine Verurteilung wahrscheinlicher ist als ein Freispruch.

Anfangsverdacht: Ein **Anfangsverdacht** ist gegeben, wenn tatsächliche Anhaltspunkte bestehen, dass eine verfolgbare Straftat vorliegt.

» *Welche zeitlichen Grenzen sind bei der Untersuchungshaft zu beachten?*

Wie sich aus *§ 121 StPO* ergibt, darf grundsätzlich die **U-Haft wegen derselben Tat** nur sechs Monate betragen. Das OLG kann aber die Fortdauer der Haft über die sechs Monate hinaus anordnen, wenn „die besondere Schwierigkeit oder der besondere Umfang der Ermittlungen oder ein anderer wichtiger Grund" gegeben sind, die ein schnelles Urteil nicht zulassen.

Haftdauer bei Wiederholungsgefahr als Haftgrund

Ist Haftgrund eine bestehende Wiederholungsgefahr nach *§ 112a StPO*, darf die U-Haft längstens ein Jahr betragen (vgl. *§ 122a StPO*).

» *Was versteht man unter dem Begriff der „Überhaft"?*

Werden gegen dieselbe Person **mehrere Haftbefehle in verschiedenen Sachen** erlassen, kann nur einer von ihnen vollzogen werden. Beim anderen nicht vollzogenen Haftbefehl wird dann „Überhaft" notiert; dieser wird erst dann vollzogen, wenn die erste U-Haft beendet ist. Gleiches gilt für den Fall, dass gegen einen bereits **im Gefängnis sitzenden Täter** in einer anderen Sache U-Haft verhängt wird.

Prüfungsgespräch zur Wiederholung und Vertiefung

Das folgende Zwischenprüfungsgespräch ermöglicht Dir, die **Inhalte der vorangegangenen Kapitel** zu wiederholen und zu vertiefen.

» Ein Mandant betritt Ihre Kanzlei und erzählt Ihnen, dass er gestern von einem Gericht wegen banden- und gewerbsmäßigem Betrug – dem Antrag der Staatsanwaltschaft entsprechend – zu einer Freiheitsstrafe von drei Jahren und sechs Monaten verurteilt worden ist. Ohne weitere Details zu kennen: Von welchem Gericht stammt dieses Urteil?

Das Urteil dürfte von einem **Schöffengericht gesprochen** worden sein. Dieses ist zuständig, wenn die Straferwartung zwischen zwei und vier Jahren liegt und keine Katalogstraftat nach *§ 74 Abs. 2 GVG* einschlägig ist.

» Könnte das Urteil nicht trotz der Verurteilung zu der dreieinhalbjährigen Freiheitsstrafe auch von einem Strafrichter stammen?

Grundsätzlich ist dies zwar denkbar. Denn auch wenn ein Strafrichter eigentlich nur bei einer Straferwartung von bis zu zwei Jahren zuständig ist, kann er **Strafen von bis zu vier Jahren aussprechen**.

Beim bandenmäßigen Betrug, der gewerbsmäßig begangen wird, liegt der Strafrahmen aber gemäß *§ 263 Abs. 5 StGB* zwischen einem und zehn Jahren Freiheitsstrafe. Bei der Tat handelt es sich also entsprechend *§ 12 Abs. 1 StGB* **um ein Verbrechen**, für das zwingend das Schöffengericht und gerade nicht der Strafrichter als Spruchkörper zuständig ist.

» Stellen Sie sich vor, das Schöffengericht kommt letztlich zu dem Ergebnis, dass eine Freiheitsstrafe von fünf Jahren der Tat und der Schuld angemessen ist. Kann es den Angeklagten entsprechend verurteilen?

Nein. Nach *§ 24 Abs. 2 GVG* darf ein Amtsgericht **keine höhere Strafe** als vier Jahre Freiheitsstrafe aussprechen. Eine entsprechende Verurteilung wäre mit einer Revision angreifbar. Das Schöffengericht wäre vielmehr verpflichtet, die Strafsache an das **zuständige Landgericht zu verweisen**.

» Richtig. Wie ist die Besetzung eines Schöffengerichts?

Gemäß *§ 29 GVG* ist das Schöffengericht besetzt mit einem Richter beim Amtsgericht als Vorsitzenden und zwei Schöffen.

» Wie wird man eigentlich Schöffe?

Dies ist in § 36 GVG geregelt: Danach stellt die Gemeinde alle fünf Jahre eine **Vorschlagsliste für Schöffen** auf. Man wird in diese Liste aufgenommen, wenn zwei Drittel der anwesenden Gemeindevertreter dem Vorschlag zustimmen.

» Können Sie als Strafverteidiger zugleich auch Schöffe sein?

Grundsätzlich wäre das zwar möglich, da nach *§ 36 Abs. 2 GVG* die Vorschlagsliste **alle Gruppen der Bevölkerung** nach Geschlecht, Alter, Beruf und sozialer Stellung angemessen berücksichtigen soll. Nach der Ausnahmevorschrift des *§ 34 Abs. 1 Nr. 4 GVG* sollen aber Richter, Staatsanwälte, Notare und **Rechtsanwälte nicht als Schöffe** berufen werden.

Vorschriften zum Schöffenamt unbedingt lesen

Fragen zur Ernennung von Schöffen haben wir auffällig oft in den Protokollen zur mündlichen Prüfung gefunden. Man sollte daher im Vorfeld der eigenen Prüfung die dazu einschlägigen Normen im GVG auf jeden Fall mal anschauen.

» Der Mandant berichtet, dass er in der Mittagspause einen der beiden Schöffen hat sagen hören, dass er selbst ja auch schon wegen Betrugs zu einer achtmonatigen Freiheitsstrafe verurteilt worden sei. Aus diesem Grund sei es für ihn ohne Frage richtig, wenn andere Betrüger auch lange im Knast schmoren müssen. Welche Möglichkeiten hätten Sie als Verteidiger im laufenden Verfahren diesbezüglich gehabt?

Während des Strafverfahrens wäre ein Antrag nach *§§ 31 Abs. 1, 24 Abs. 2 StPO* auf **Ablehnung des Schöffen wegen Befangenheit** in Betracht gekommen.

» Darauf angesprochen, beteuert der Schöffe, dass sich seine Aussage selbstverständlich nur auf solche Täter beziehe, denen zweifelsfrei nach der Verhandlung ein betrügerisches Verhalten im Sinne des StGB nachgewiesen wird. Hat Ihr Antrag dann noch Aussicht auf Erfolg?

Voraussetzung für einen **erfolgreichen Antrag nach *§ 24 StPO*** ist nicht eine tatsächliche Befangenheit des Richters bzw. Schöffen. Es reicht vielmehr, dass vom Standpunkt eines vernünftigen und verständigen Angeklagten **die berechtigte Besorgnis** besteht, der Richter bzw. Schöffe sei parteiisch oder befangen. Im konkreten Fall halte ich es in Anbetracht der pauschalen, nicht differenzierten Aussage des Schöffen für gerechtfertigt, **Zweifel an dessen Unbefangenheit** zu haben. Der Ablehnungsantrag ist auch nach der klarstellenden Bemerkung des Schöffen begründet.

» Das ist sehr gut vertretbar. Wer entscheidet denn über den Antrag auf Ablehnung des Schöffen? Und können gegen die dann getroffene Entscheidung Rechtsmittel eingelegt werden?

Abweichend von der grundsätzlich einschlägigen Vorschrift des *§ 27 Abs. 2 StPO* bestimmt *§ 31 Abs. 2 S. 1 StPO*, dass über den Antrag der **Vorsitzende Richter** entscheidet.

Sofern das Ablehnungsgesuch für begründet erklärt wird, ist dieser Beschluss nach *§ 28 Abs. 1 StPO* **unanfechtbar**. Wird der Ablehnungsantrag als unzulässig verworfen oder als unbegründet zurückgewiesen, kann gegen diese Entscheidung nach Absatz der genannten Vorschrift **die sofortige Beschwerde eingelegt** werden.

» Wenn Sie sich nochmals den genauen Wortlaut der Aussage des Schöffen vor Augen führen: Bedarf es denn tatsächlich eines Ablehnungsantrags, um diesen Schöffen vom Verfahren auszuschließen, oder gibt es noch eine andere Möglichkeit?

Der Schöffe hat laut Bericht des Mandanten gesagt, dass er selbst zu einer **Freiheitsstrafe von acht Monaten** verurteilt wurde. Nach *§ 32 Nr. 1 GVG* sind Personen, die wegen einer vorsätzlichen Tat zu einer Freiheitsstrafe von mehr als sechs Monaten verurteilt sind, unfähig Schöffe zu sein. **Diese Amtsunfähigkeit ist von Amts wegen** zu beachten, sodass ein diesbezüglicher Hinweis an das Gericht ausreichend sein dürfte.

» Und wie gehen Sie vor, wenn das Schöffengericht trotz Kenntnis dieses Umstands ein Urteil fällt?

Ich lege gegen das Urteil **Revision** ein. Aufgrund der Unfähigkeit des Schöffen für das Schöffenamt war das Gericht **nicht ordnungsgemäß besetzt**. Dies stellt gemäß *§ 338 Nr. 1 StPO* einen absoluten Revisionsgrund dar.

» Wo Sie bereits die Revision ansprechen: Wie lautet der Instanzenzug ausgehend vom erstinstanzlichen amtsgerichtlichen Strafurteil und wie sind die jeweiligen Spruchkörper besetzt?

Gegen ein erstinstanzliches Urteil, das vom Amtsgericht gesprochen wurde, ist die **Berufung zum Landgericht** statthaftes Rechtsmittel. Spruchkörper ist dann eine kleine Strafkammer, die ebenfalls mit einem Richter und zwei Schöffen besetzt ist.

Nach einer solchen Berufung ist noch die **Revision beim Oberlandesgericht** möglich. Die Strafsenate des OLG entscheiden in der Besetzung von drei Berufsrichtern.

» Kennen Sie ein Bundesland, in dem es eine abweichende Zuständigkeit für die Revision gibt?

Nach **Wiedereinführung des Bayerischen Obersten Landesgericht** im September 2018 ist dieses Gericht statt der Oberlandesgerichte für strafrechtliche Revisionsentscheidungen zuständig. Grundlage hierfür ist *§ 9 GVG*: Danach kann durch die Gesetzgebung eines Landes, in dem mehrere Oberlandesgerichte existieren, die zur Zuständigkeit der Oberlandesgerichte **gehörenden Entscheidungen in Strafsachen** ganz oder teilweise an Stelle eines solchen Oberlandesgerichts dem Obersten Landesgericht zugewiesen werden. Hiervon hat Bayern durch entsprechende Vorschriften im BayAGGVG Gebrauch gemacht.

Examensrelevanz für Referendare in Bayern

Nach der Wiedereinführung des BayObLG ist die Zuständigkeit dieses Gerichts eine absolute Standardfrage in mündlichen Prüfungen in Bayern. Legt man in Bayern das 2. Examen ab, sollte man sich über das Bayerische Oberste Landesgericht vorab genauer informieren.*

» Und in welchen Fällen ist der Bundesgerichtshof das zuständige Revisionsgericht in Strafsachen?

* Zur Geschichte und zu den Aufgaben des BayObLG können wir den Artikel der Legal Tribune Online empfehlen, der online am 21.10.2019 erschienen und unter folgender URL abrufbar ist: https://www.lto.de/recht/justiz/j/bayerisches-oberstes-landesgericht-bayobl-aufgaben-geschichte-erklaert-fuer-juristen/

Der BGH ist zuständig für Revisionen gegen **erstinstanzliche Entscheidungen des LG und des OLG**. Die Senate entscheiden gemäß *§ 139 GVG* in der Besetzung von fünf Richtern.

» Wo hat der BGH seinen Sitz und wie viele Strafsenate gibt es?

Seit Februar 2020 gibt es **sechs Strafsenate** am Bundesgerichtshof. Vier Senate haben ihren Sitz in Karlsruhe; zwei Senate sind in Leipzig ansässig.

Sitz der Gerichte

Fragen zum Sitz des BGH (oder erstaunlicherweise in verwaltungsrechtlichen Prüfungen nach den Standorten der Verwaltungsgerichte im jeweiligen Land) sind immer mal wieder in den Protokollen zu finden. Sie häufen sich, sobald aktuelle Ereignisse – wie die Schaffung des sechsten Strafsenats in Leipzig – hierfür Anlass geben.

Vergleichbares gilt im Übrigen auch für die Frage nach den Namen der Präsidenten bestimmter Bundesgerichte oder dem Namen des aktuell amtierenden (Landes-)Justizministers. Solche Fragen werden zwar im 2. Examen eher selten gestellt. Sie sind aber häufiger in den Protokollen zu finden, wenn gerade ein Wechsel an der Spitze eines Gerichts oder des Ministeriums stattgefunden hat – wie zuletzt nach der Amtsübergabe von Herrn Andreas Voßkuhle an den neuen Präsidenten des BVerfG Herrn Stephan Harbarth.

» Zurück zum Fall: Der Mandant berichtet, dass er vor Prozessbeginn für fünf Monate in U-Haft saß. Was sind die Voraussetzungen hierfür?

Voraussetzung für den **Erlass eines Haftbefehls** sind das Bestehen eines dringenden Tatverdachts sowie das Vorliegen eines Haftgrundes.

» Wie ist der Begriff des „dringenden Tatverdachts" definiert?

Es besteht ein dringender Tatverdacht, wenn eine **hohe Wahrscheinlichkeit** dafürspricht, dass der Beschuldigte einer Tat auch tatsächlich der Täter ist.

» *Richtig. Welche Verdachtsgrade kennen Sie noch und wofür sind diese jeweils relevant? Bitte stellen Sie auch Normbezüge her.*

Neben dem dringenden Tatverdacht gibt es noch den Anfangsverdacht sowie den hinreichenden Tatverdacht. Der **Anfangsverdacht** ist zu bejahen, wenn tatsächliche Anhaltspunkte dafür vorliegen, dass **eine verfolgbare Straftat gegeben** ist. Dieser Verdachtsgrad ist erforderlich, damit die Staatsanwaltschaft in einem Fall gemäß *§ 152 Abs. 2 StPO* Ermittlungen aufnimmt bzw. aufnehmen muss.

Ein **hinreichender Tatverdacht** besteht dann, wenn nach Abschluss der Ermittlungen eine Verurteilung wahrscheinlicher ist als ein Freispruch. Nur wenn der Beschuldigte hinreichend tatverdächtig ist, wird die Staatsanwaltschaft gemäß *§ 170 Abs. 1 StPO* **Anklage erheben** und das Gericht nach eigener Prüfung und Abschluss des Zwischenverfahrens gemäß *§ 203 StPO* das **Hauptverfahren eröffnen**.

» *Welche Haftgründe kennt das Gesetz?*

Als Haftgründe nennt das Gesetz die **Flucht bzw. Fluchtgefahr** (*§ 112 Abs. 2 Nr. 1, 2 StPO*), die **Verdunkelungsgefahr** (*§ 112 Abs. 2 Nr. 3 StPO*) sowie die **Wiederholungsgefahr** (*§ 112a StPO*). Zudem kann auch ohne Vorliegen eines dieser Gründe Untersuchungshaft angeordnet werden, wenn dringender Tatverdacht besteht, eine der ***in § 112 Abs. 3 StPO* genannten Katalogstraftaten** begangen zu haben.

» *Wer hat die U-Haft gegen den Mandanten angeordnet?*

Nach dem Bericht des Mandanten wurde gegen ihn bereits „vor Prozessbeginn“ Untersuchungshaft verhängt. Sofern damit, was wahrscheinlich sein dürfte, gemeint ist, dass der **Haftbefehl vor Anklageerhebung** erlassen worden ist, richtet sich die Zuständigkeit nach *§ 125 Abs. 1 StPO*. Die U-Haft wurde also von einem Richter beim Amtsgericht angeordnet, bei dem **ein Gerichtsstand begründet** war bzw. der Mandant sich aufgehalten hatte.

» Der Mandant erzählt, sein damaliger Verteidiger sei umgehend gegen den Haftbefehl vorgegangen. Er habe das damals eh als sinnlos erachtet, weil doch der Richter, der den Haftbefehl erlassen hat, nicht einfach seine Meinung ändert. Welchen Rechtsbehelf hatte der Verteidiger also offenbar eingelegt?

Der Verteidiger hat offenbar eine **Haftprüfung gemäß *§ 117 Abs. 1 StPO*** beantragt. Über diese Haftprüfung entscheidet nach *§ 126 Abs. 1 StPO* gerade der Richter, der den Haftbefehl auch ursprünglich erlassen hat.

» Wie kann man noch einen Haftbefehl gerichtlich überprüfen lassen?

Neben der genannten Haftprüfung besteht auch die Möglichkeit, eine **Haftbeschwerde nach den *§§ 304 ff. StPO*** einzulegen. Zuständig für die Entscheidung über die Beschwerde ist das nächsthöhere Gericht.

» Gehen Sie davon aus, dass im Fall des Mandanten der Haftgrund der Fluchtgefahr bejaht worden ist. Können Sie sich vorstellen, warum der damalige Verteidiger sich für eine Haftprüfung statt für eine Haftbeschwerde als Rechtsbehelf entschieden hat?

Mit der Haftprüfung kann nicht nur die Aufhebung des Haftbefehls erreicht werden, sondern auch **die Aussetzung des Vollzugs des Haftbefehls**. Gemäß *§ 116 StPO* ist der Vollzug eines Haftbefehls, der gerade mit einer Fluchtgefahr begründet ist, auszusetzen, wenn auch **weniger einschneidende Maßnahmen** geeignet sind, eine Flucht des Beschuldigten zu verhindern. Hierzu zählt zB die Pflicht des sich regelmäßigen Meldens bei der Polizei (*§ 116 Abs. 1 S. 2 Nr. 1 StPO*) oder die Hinterlegung einer

Sicherheitsleistung (*§ 116 Abs. 1 S. 2 Nr. 1 StPO*). Sofern der Verteidiger erreichen wollte, dass die Haft lediglich ausgesetzt wird, war das Einlegen einer **Haftprüfung statt einer Haftbeschwerde** durchaus sinnvoll.

» Der Mandant fragt sich, ob denn seine achtmonatige Untersuchungshaft auf die im Urteil ausgesprochene Freiheitsstrafe angerechnet wird. Wie sehen Sie das?

Ja, in der Regel wird eine U-Haft gemäß *§ 51 Abs. 1 StGB* **auf eine Freiheits- oder Geldstrafe angerechnet**. Nach Satz 2 der Norm unterbleibt eine Anrechnung nur dann, wenn eine solche im Hinblick auf das Verhalten des Verurteilten nach der Tat nicht gerechtfertigt ist.

» Genau so ist es. Schließlich erzählt der Mandant, er hätte gerne am Ende der Verhandlung noch etwas zu seinen Beweggründen gesagt. Dazu habe er aber keine Möglichkeit bekommen. Was sagen Sie dazu?

Die Strafprozessordnung sieht in *§ 258 Abs. 3 StPO* ausdrücklich das Recht des Angeklagten vor, **das letzte Wort zu haben** und zum Ergebnis der Verhandlung Stellung zu nehmen. Das Recht des letzten Wortes ist Ausdruck des **Grundsatzes der Gewährung rechtlichen Gehörs**. Ein Verstoß gegen § 258 StPO kann erfolgreich mit einer Revision angegriffen werden, wobei ein Beruhen des Urteils auf diesem Verstoß nur in absoluten Ausnahmefällen verneint werden kann.

» Wo Sie gerade diesen Verfahrensgrundsatz ansprechen: Nennen Sie doch bitte – inklusive Normbezug – zwei weitere Prozessmaximen, die nicht nur im Strafprozess, sondern auch im Zivil- und Verwaltungsprozess gelten.

Zu diesen übergreifend geltenden Prozessmaximen zählt zum einen der **Grundsatz der Mündlichkeit**, der im Strafprozess in den *§§ 261, 264 StPO* Ausdruck findet. Danach dürfen Grundlage des Urteils allein die Tatsachen sein, die zum Gegenstand der mündlichen Verhandlung gemacht worden sind. Zum anderen gehört auch der **Grundsatz der Unmittelbarkeit** zu den Verfahrensgrundsätzen, die in allen drei Verfahrensordnungen Geltung haben. Diese Maxime ist u.a. in *§ 250 StPO* verankert: Danach ist, wenn es auf die Wahrnehmung einer Person ankommt, diese **Person als Zeuge oder Sachverständige zu vernehmen**; eine Verlesung einer Erklärung genügt dagegen dem Unmittelbarkeitsgrundsatz nicht.*

Verfahrensgrundsätze in der mündlichen Prüfung

Prüfer gehen gerne direkt zu Anfang einer Prüfung „zum Aufwärmen" oder aber zum Ende einer Prüfung, wenn nur noch wenig Zeit auf der Uhr ist, die gefüllt werden muss, auf die jeweils geltenden Prozessmaximen ein. Wichtig ist insbesondere, dass man die Verfahrensgrundsätze an Normen festmachen kann, die diese zum Ausdruck bringen.

» *Was versteht man denn unter dem im Strafprozessrecht geltenden Akkusationsprinzip?*

Nach dem Akkusationsprinzip bedarf es für eine gerichtliche Untersuchung eines Sachverhalts gemäß *§ 151 StPO* stets **einer Anklageerhebung**. Dadurch dass für die Erhebung der Anklage nach *§ 152 StPO* die Staatsanwaltschaft zuständig ist, ist gewährleistet, dass **zwei verschiedene Rechtspflegeorgane** an der Verfolgung und Aburteilung einer Straftat beteiligt sind.

» *Richtig. Und wie lautet das Gegenmodell zum Akkusationsprinzip?*

Das Gegenmodell dazu ist der **Inquisitionsprozess**, bei dem es eine Personenidentität von Ankläger und Richter gibt.

* Zudem gelten der Öffentlichkeitsgrundsatz sowie das Beschleunigungsgebot in allen drei Prozessordnungen.

» Erläutern Sie bitte abschließend das Legalitätsprinzip inklusive der in der StPO vorgesehenen Ausnahmen hiervon.

Nach dem Legalitätsprinzip, das in den *§§ 152, 170 StPO* zum Ausdruck kommt, ist **die Staatsanwaltschaft verpflichtet**, bei Bestehen eines Anfangsverdachts Ermittlungen aufzunehmen sowie bei Bejahen eines hinreichenden Tatverdachts Anklage zu erheben.

Ausnahmen hierzu ist zum einen die Möglichkeit der **Einstellung des Verfahrens aus Opportunitätsgründen** nach den *§§ 153 ff. StPO* sowie *§ 45 JGG*. Zum anderen kann die Staatsanwaltschaft gemäß *§ 376 StPO* auf die Anklageerhebung **bei Privatklagedelikten** in der Regel verzichten, wenn eine solche nicht im öffentlichen Interesse liegt.

» Und wie ist die Einhaltung des Legalitätsprinzips prozessrechtlich bzw. materiell-rechtlich abgesichert?

Prozessrechtlich kann das Legalitätsprinzip **durch das Klageerzwingungsverfahren** nach den *§§ 172 ff. StPO* durchgesetzt werden. Materiellrechtlich ist die Pflicht der Staatsanwaltschaft zur Strafverfolgung dadurch abgesichert, dass der **Straftatbestand der Strafvereitelung im Amt** nach *§§ 258, 258a StGB* erfüllt sein kann, wenn das Nichtermitteln oder Nichterheben einer Anklage dazu führt, dass ein Täter nicht wegen einer rechtswidrigen Tat bestraft wird.

Promillegrenzen im Strafrecht

Als Referendar bemerkt man **spätestens als Sitzungsvertreter der Staatsanwaltschaft**, wie praxisrelevant der Straftatbestand „Trunkenheit im Verkehr" ist. Hat ein Prüfer einen Fall aus diesem Bereich für die Kandidaten in einer mündlichen Prüfung vorgesehen, folgt in aller Regel ein Ausflug in die **für das Strafrecht relevanten Promillegrenzen**. Diese muss man in der mündlichen Prüfung auf jeden Fall kennen. Zudem stellen Prüfer anschließend gerne eine Reihe von **Standardfragen aus diesem Themenbereich**, auf die man vorbereitet sein sollte.

» Übersicht der Promillegrenzen

0,3 Promille	relative Fahruntüchtigkeit von Führern eines KFZ oder Fahrrads
1,1 Promille	absolute Fahruntüchtigkeit bei Führen eines KFZ
1,6 Promille	absolute Fahruntüchtigkeit bei Führen eines Fahrrads
ab 2,0 Promille	verminderte Schuldunfähigkeit ist möglich
ab 2,2 Promille	verminderte Schuldunfähigkeit ist bei vorsätzlichen Tötungsdelikten möglich
ab 3,0 Promille	Schuldunfähigkeit ist möglich
ab 3,3 Promille	Schuldunfähigkeit ist bei vorsätzlichen Tötungsdelikten möglich

» Absolute und relative Fahruntüchtigkeit

Der **Begriff der absoluten Fahruntüchtigkeit** ist ausschließlich im Zusammenhang mit der Wirkung von Alkohol relevant. Ist der – von der Rechtsprechung aufgestellte – Schwellenwert der absoluten Fahruntüchtigkeit überschritten, liegt ein **unwiderlegbarer Beweis** dafür vor, dass der Fahrer im Sinne des Gesetzes nicht in der Lage ist, ein Fahrzeug sicher zu führen. Der Gegenbeweis, der Täter sei noch fahrtüchtig gewesen, ist dann unzulässig.

Von einer **relativen Fahruntüchtigkeit** ist zu sprechen, wenn eine Blutalkoholkonzentration (BAK) unterhalb der absoluten Grenzwerte vorliegt – oder der Täter andere Rauschmittel konsumiert hat – und **weitere Umstände aus dem Tatgeschehen** (sogenannte „alkoholbedingte Ausfallerscheinungen") dafür vorliegen, dass der (Alkohol-)Konsum zur Fahruntüchtigkeit geführt hat.

Absolute und relative Fahruntüchtigkeit beschreiben nicht ein Maß der Unfähigkeit, ein Fahrzeug zu führen; vielmehr sind beide Begriffe **Teil des Beweisrechts** (konkret: „prozessuale Beweisregeln").

» Ermittlung der Tatzeit-BAK

Die konkrete Tatzeit-BAK ist bei Vorliegen eines Blutprobenwertes im Wege der **Rückrechnung** zu ermitteln.

BAK-Ermittlung durch Rückrechnung

Die auf den ersten Blick komplizierte Berechnung der Tatzeit-BAK muss man unbedingt verstehen und verinnerlichen. Denn im 2. Examen wird man von Praktikern geprüft, die diese Berechnungen regelmäßig ihrer Anklage zugrunde legen. Ein Staatsanwalt erwartet von den Prüflingen, dass er die Art und Weise der Berechnung des Promillewertes zum Tatzeitpunkt erläutern kann.

(1) Ermittlung der Fahruntüchtigkeit

Dem Blutprobenwert ist ein **stündlicher Abbauwert in Höhe von 0,1 Promille** hinzuzurechnen; um aber jede Benachteiligung des Täters auszuschließen, sind die ersten zwei Stunden nach Trinkende von der Rückrechnung auszunehmen. Wurde ein **Nachtrunk glaubhaft dargelegt**, ist die sich hieraus ergebende BAK zu berechnen und von der ermittelten Gesamt-BAK abzuziehen.

(2) Ermittlung der Schuldfähigkeit

Liegt eine Blutprobe vor, so ist die Tatzeit-BAK auch hinsichtlich der Schuldfähigkeit per Rückrechnung zu ermitteln. Da in dieser Hinsicht eine möglichst hohe BAK für den Täter günstig ist, werden dem Blutprobenwert **je vergangener Stunde ein Promillewert von 0,2** sowie ein **Sicherheitszuschlag von 0,2 Promille** hinzugerechnet. Auch die ersten beiden Stunden nach Trinkende sind in die Rückrechnung mit einzubeziehen.

Beispielsberechnung

T trinkt bis 0.00 Uhr und gerät in eine Polizeikontrolle. Die Blutprobe, die dem T um 5.00 Uhr morgens entnommen wurde, weist eine BAK von 0,3 Promille auf.

(1) BAK bzgl. Fahruntüchtigkeit

0,3 Promille + 3 mal 0,1 Promille = 0,6 Promille*

* Die Zeit zwischen 0.00 Uhr und 2.00 Uhr bleibt bei der Rückrechnung unberücksichtigt.

(2) BAK bzgl. Schuldfähigkeit

0,3 Promille + 5 mal 0,2 Promille + 0,2 Promille = 1,5 Promille

(Weitere) Original-Prüfungsfragen im Zusammenhang mit den Promillegrenzen

» *Wie kann es sein, dass in ein und demselben Strafverfahren vom Gericht zwei verschiedene BAK zum Tatzeitpunkt zur Grundlage der Entscheidung gemacht werden?*

Im Rahmen der Berechnung der Blutalkoholkonzentration ist der **Zweifelssatz jeweils zugunsten des Angeklagten** zu beachten. Die BAK spielt aber sowohl im Rahmen des Tatbestandes zB des *§ 316 StGB* als auch bei der Frage der überhaupt vorliegenden Schuldfähigkeit eine Rolle.

Bei der Berechnung der **tatbestandlich relevanten BAK** ist zugunsten des Angeklagten im Zweifel eher „nach unten hin" abzuweichen; bei Berechnung der BAK zur **Feststellung der Schuldfähigkeit** ist dagegen aufgrund des Zweifelssatzes eher „nach oben hin" abzuweichen.

» *Gibt es auch im Ordnungswidrigkeitenrecht relevante Promillegrenzen?*

Ja, und zwar die **Grenze von 0,5 Promille**. Nach *§ 24a StVG* handelt ordnungswidrig, „wer im Straßenverkehr ein Kraftfahrzeug führt, obwohl er 0,25 mg/l oder mehr Alkohol in der Atemluft oder 0,5 Promille oder mehr Alkohol im Blut [...] hat [...]."

Nach Absatz 3 der Norm kann eine solche Ordnungswidrigkeit mit einer **Geldbuße bis zu dreitausend Euro** geahndet werden. Zudem wird gemäß *§ 25 Abs. 1 S. 2 StVG* gegen die Person in der Regel ein **Fahrverbot** verhängt.

» Hat im Ordnungswidrigkeitenrecht auch die Grenze von 0,0 Promille eine Relevanz?

Die 0,0 Promille-Grenze ist **relevant für Fahranfänger**. Denn nach *§ 24c StVG* handelt ordnungswidrig, wer in der Probezeit [...] oder vor Vollendung des 21. Lebensjahres als Führer eines Kraftfahrzeugs im Straßenverkehr alkoholische Getränke zu sich nimmt oder die Fahrt antritt, obwohl er unter der Wirkung eines solchen Getränks steht."

» Hat die Atemalkoholkonzentration gar keine Bedeutung im Strafverfahren?

Die AAK hat nur im Rahmen des *§ 24a StVG* – **also im Ordnungswidrigkeitenrecht** – eine Bedeutung. In einem Strafverfahren ist die AAK für die Ermittlung der Tatzeit-BAK dagegen nicht geeignet.

» Wo findet sich die rechtliche Grundlage für die Entnahme einer Blutprobe?

Die **Entnahme einer Blutprobe** ist nach *§ 81a Abs. 1 S. 2 StPO* zulässige Ermittlungsmaßnahme. Die Anordnung einer solchen Maßnahme musste früher durch den Ermittlungsrichter erfolgen. Nach der StPO-Reform im Jahr 2017 ist eine **richterliche Anordnung nicht mehr erforderlich**, wenn bestimmte Tatsachen den Verdacht begründen, dass eine Straftat u.a. nach *§ 315c StGB* (Gefährdung des Straßenverkehrs") oder *§ 316 StGB* („Trunkenheit im Verkehr") begangen worden ist.

Aktuelle Reformen im Blick behalten

Wir können nicht oft genug betonen, dass man sich zur Vorbereitung auf die mündliche Prüfung auch mit der aktuellen Rechtsprechung sowie mit aktuellen Reformen beschäftigen muss. Gerade die großen StPO-Reformen der vergangenen Jahre sind noch immer Gegenstand vieler strafrechtlicher Prüfungen.

Rechtsbehelfe (und -mittel) im strafprozessualen Verfahren

Die **strafprozessualen Rechtsbehelfe und Rechtsmittel** sind für die mündlichen Prüfungen genauso wichtig wie bereits für die Examensklausuren. Nicht selten **beginnt die Strafrechtsprüfung mit dem Fall**, dass ein Straftäter zum Anwalt kommt und berichtet, er sei gerade zB zu einer Freiheitsstrafe von einem Jahr verurteilt worden. Nun ist es Aufgabe der Kandidaten, den vom Mandanten geschilderten Sachverhalt auf materiell-rechtliche und prozessuale Fehler hin zu untersuchen und die **Erfolgsaussichten einer Berufung bzw. Revision** zu beurteilen.

> **Anknüpfungspunkt für weitere Standardfragen**
>
> Oftmals wird gleich an dieser Stelle die Frage gestellt, von welchem Spruchkörper das Urteil wohl stammt, und anschließend der Instanzenzug sowie die Besetzung der Gerichte detailliert besprochen.

» Übersicht über die Rechtsbehelfe im Strafrecht

Die Strafprozessordnung kennt **folgende Rechtsmittel**, die grundsätzlich einen Devolutiveffekt (Verfahren kommt in die nächsthöhere Instanz) und Suspensiveffekt (kein Eintritt der Rechtskraft sowie Vollstreckbarkeit der Entscheidung ist gehindert) haben:

- Beschwerde in Form der einfachen (*§ 304 StPO*), der sofortigen (*§ 311 StPO*) und der weiteren (*§ 310 StPO*) Beschwerde,
- Berufung (*§§ 312 ff. StPO*) sowie
- Revision (*§§ 333 ff. StPO*).

Darüber hinaus sieht die Strafprozessordnung insbesondere **folgende weitere Rechtsbehelfe** vor:

- Wiedereinsetzung in den vorigen Stand (*§§ 44 ff. StPO*),
- Einspruch gegen einen Strafbefehl (*§ 410 StPO*),
- Antrag auf Wiederaufnahme des Verfahrens (*§§ 359 ff. StPO*) sowie
- Antrag auf gerichtliche Entscheidung nach *§ 319 Abs. 2 StPO* und *§ 346 Abs. 2 StPO*

» Beschwerde

(1) Einfache Beschwerde: Die **einfache Beschwerde** kann gegen alle Entscheidungen des Gerichts, die nicht Urteile sind (also Beschlüsse und Verfügungen) erhoben werden. Die Beschwerde **ist einzulegen bei dem Gericht**, von dem die angefochtene Entscheidung erlassen wurde.* Soweit dieses Gericht nach der Prüfung der Auffassung ist, dass die Beschwerde begründet ist, kann es seine frühere Entscheidung aufheben bzw. abändern. Andernfalls **legt es die Beschwerde dem nächsthöheren Gericht** (dem sog. Beschwerdegericht) zur Entscheidung vor.

Durch die Einlegung einer Beschwerde wird nach *§ 307 StPO* der **Vollzug der angefochtenen Entscheidung** allerdings idR nicht gehemmt. Bei einer Beschwerde gegen einen Haftbefehl wird der Beschuldigte also nicht solange aus der Haft entlassen, bis das Beschwerdegericht eine Entscheidung über die Beschwerde gefällt hat.

Besonderheit der Beschwerde als Rechtsmittel

Die Beschwerde ist zwar ein Rechtsmittel, das allerdings – bis auf wenige Ausnahmen – keinen Suspensiveffekt hat.

* Die Fachbezeichnung hierfür lautet „iudex a quo“, vgl. § 306 StPO; das Gericht der höheren Instanz nennt man im Gegensatz dazu „iudex ad quem“.

Die einfache Beschwerde kann **unbefristet eingelegt** werden und muss keine Begründung enthalten. Die Beschwerde zu begründen ist allerdings in der Praxis zu empfehlen.

(2) Sofortige Beschwerde: Im Gegensatz zur einfachen Beschwerde ist die sofortige Beschwerde nur in den Fällen statthaft, **in denen das Gesetz dies ausdrücklich bestimmt**. Im Vergleich zur einfachen Beschwerde bestehen gemäß *§ 311 StPO* zwei Unterschiede:

- Die sofortige Beschwerde ist **innerhalb einer Woche** nach Bekanntgabe der angefochtenen Entscheidung einzulegen.
- Zwar ist auch die sofortige Beschwerde bei dem Gericht einzulegen, das die angefochtene Entscheidung erlassen hat. Dieses Gericht **darf der Beschwerde aber nicht selbst abhelfen**, sondern muss diese zwingend dem Beschwerdegericht vorlegen. Es findet also kein Abhilfeverfahren statt.

(3) Weitere Beschwerde: Grundsätzlich sind Beschwerdeentscheidungen selbst nicht anfechtbar. Nur in den **in *§ 310 Abs. 1 StPO* genannten Fällen** kann gegen Beschlüsse, die auf Beschwerde hin erlassen worden sind, eine sogenannte weitere Beschwerde zum nächsthöheren Gericht eingereicht werden.

***§ 310 Abs. 1 StPO* lautet:**

„Beschlüsse [...] können durch weitere Beschwerde angefochten werden, wenn sie

1. eine Verhaftung,

2. eine einstweilige Unterbringung oder

3. einen Vermögensarrest nach *§ 111e* [...] über einen Betrag von mehr als 20.000 Euro

betreffen."

» *Berufung*

Das **Rechtsmittel der Berufung** ist möglich gegen Urteile des Amtsgerichts. Die Berufung ermöglicht eine vollständige Überprüfung des erstinstanzlichen Urteils. Es folgt also eine **zweite Tatsacheninstanz** mit einer neuen Hauptverhandlung, die mit einigen Modifikationen derjenigen in der ersten Instanz entspricht. Das Berufungsgericht nimmt eine eigene Beweiswürdigung, eine **eigene materiell-rechtliche Bewertung der Tat** und eine eigene Strafzumessung vor.

Statthaft ist die Berufung nur **gegen Urteile des Amtsgerichts** (*§ 312 StPO*). Sie ist nach *§ 314 StPO* innerhalb einer Woche nach Verkündung des Urteils schriftlich oder zu Protokoll der Geschäftsstelle des jeweiligen Gerichts einzulegen. Einer Begründung bedarf die Berufungseinlegung nicht.

Begründungspflicht der StA

Legt dagegen die Staatsanwaltschaft Berufung ein, ist diese nach RiStBV 156 I gehalten, die Berufung zu begründen!

» *Revision*

Durch das Rechtsmittel der Revision wird das angegriffene Urteil **ausschließlich auf Rechtsfehler hin** untersucht. So wird das Urteil auf logische Fehler (Verstöße gegen die Denkgesetze), auf Fehler in der Anwendung des materiellen Rechts oder auf Verstoß gegen prozessuale Vorschriften überprüft.

Die Revision ist innerhalb einer **Frist von einer Woche ab Urteilsverkündung** einzulegen (vgl. *§ 341 StPO*). Zudem muss die Revision innerhalb einer weiteren Frist von einem Monat nach Ablauf der Einlegungsfrist bzw. Urteilszustellung **begründet werden** (*§ 345 StPO*). Wichtig ist, dass die schriftliche Revisionsbegründung durch einen Strafverteidiger erfolgen muss.

Eingeschränkter Anwaltszwang

Der Anwaltszwang betrifft ausschließlich die Begründung der Revision, nicht aber die Einlegung der Revision!

Der Rechtsanwalt muss dabei hinter den tatsächlichen Behauptungen der Revisionsbegründung stehen, was sich auch aus den Formulierungen ergeben muss. Es reicht nicht aus, wenn der Anwalt offensichtlich nur die Ansichten des Mandanten wiedergibt und die Begründung lediglich (ohne eigene Überzeugung) unterschreibt.

Die zulässige Revision ist **gemäß *§ 337 StPO* begründet**, wenn

- das Urteil ein Gesetz verletzt, also eine Rechtsnorm nicht oder nicht richtig angewendet worden ist, und
- das Urteil auf der Gesetzesverletzung beruht.

Eine Gesetzesverletzung ist gegeben bei bestehenden Verfahrenshindernissen, bei einem Verstoß gegen Verfahrensvorschriften („Verfahrensrüge") sowie dann, wenn **bei der Anwendung des materiellen Rechts** auf den festgestellten Sachverhalt Fehler gemacht worden sind („Sachrüge").

(Weitere) Original-Prüfungsfragen im Zusammenhang mit den Rechtsbehelfen und Rechtsmitteln im strafprozessualen Verfahren

» Bei welchen strafprozessualen Rechtsmitteln gilt das Verschlechterungsverbot („reformatio in peius")?

Das **Verschlechterungsverbot** gilt für Berufung, Revision und Wiederaufnahme, vgl. *§§ 331 Abs. 1, 358 Abs. 2, 373 Abs. 2 StPO*. Für Beschwerden gilt dieses Verbot mangels gesetzlicher Anordnung dagegen grundsätzlich nicht.

» *Wann ist eine einfache Beschwerde, wann eine sofortige Beschwerde statthaftes Rechtsmittel?*

Eine Beschwerde ist nur dann **in Form einer sofortigen Beschwerde** einzulegen, wenn das Gesetz dies ausdrücklich so vorsieht. Anderenfalls ist die einfache Beschwerde das statthafte Mittel, wenn man gegen Beschlüsse oder Verfügungen des Gerichts vorgehen möchte.

» *Was ist das zulässige Rechtsmittel gegen ein amtsgerichtliches Urteil?*

Gegen ein erstinstanzliches Urteil des Amtsgerichts sind sowohl die Berufung als auch die Revision („Sprungrevision") mögliche und zulässige Rechtsmittel.

» *Ein Verteidiger möchte sich zunächst offenhalten, ob er Berufung oder Revision gegen ein Strafurteil des Amtsgerichts einlegt. Wie läuft dies praktisch ab?*

Der Verteidiger legt einfach nur **„Rechtsmittel" gegen das Urteil** ein, ohne dies näher zu bezeichnen. Dies ist zulässig, wie sich aus *§ 300 StPO* ergibt. Danach ist sogar eine falsche Bezeichnung des Rechtsmittels unschädlich. Die **Frist zur Einlegung** des Rechtsmittels ist so jedenfalls gewahrt.

Entscheidet sich der Verteidiger für eine Revision, reicht er die **Revisionsbegründung** innerhalb der Frist von einem Monat nach Ablauf der Einlegungsfrist ein. Entscheidet er sich für die Berufung als Rechtsmittel, stellt er dies einfach per Schriftsatz klar; einer Begründung bedarf die Berufung ja gerade nicht.

Fristbeginn der Revisionsbegründung

In der Praxis läuft die Monatsfrist zur Begründung der Revision nahezu immer erst mit Zustellung des Urteils. Denn in aller Regel schaffen es die Gerichte nicht, das Urteil innerhalb der Einlegungsfrist zuzustellen.

» Was sind Beispiele für Verfahrenshindernisse, die das Revisionsgericht von Amts wegen zu prüfen hat?

Zu den Verfahrenshindernissen zählen unter anderen **Mängel in der sachlichen Zuständigkeit** (Bsp.: Ein Strafrichter verurteilt einen Angeklagten wegen eines Verbrechens), das Fehlen eines notwendigen Strafantrags, das Vorliegen der Verjährung der angeklagten Tat sowie das **Fehlen einer ordnungsgemäßen Anklage** (Bsp.: das Gericht verurteilt den Angeklagten wegen einer [weiteren] prozessualen Tat, die gar nicht Gegenstand der Anklage war).

» Was ist der Unterschied zwischen absoluten und relativen Revisionsgründen?

Die absoluten Revisionsgründe sind in *§ 338 StPO* abschließend aufgezählt. Diese Vorschrift stellt die **unwiderlegbare Vermutung** auf, dass das Urteil auf einer Verletzung der in der Norm genannten Verfahrensbestimmungen beruht.

***§ 338 StPO* vor der mündlichen Prüfung lesen!**

Die Vorschrift des *§ 338 StPO* ist zu lang, um in einer mündlichen Prüfung durch Lesen der Norm festzustellen, ob ein möglicher Fehler dort als absoluter Revisionsgrund aufgeführt ist. Man sollte sich die Norm also unbedingt vor der mündlichen Prüfung (zur Auffrischung) einmal durchlesen.

Bei allen anderen Verfahrensfehlern (relativen Revisionsgründen) muss das Beruhen **gesondert festgestellt** werden.

» Wie hoch sind die Anforderungen, die die Rechtsprechung an das „Beruhen" des Urteils auf einem Rechtsfehler stellt?

Die Anforderungen **sind eher gering**. Ein Beruhen ist bereits dann zu bejahen, wenn es nur möglich erscheint, dass das Urteil ohne den Fehler anders ausgefallen wäre.

» Ein Verteidiger ist der Ansicht, dass eine Durchsuchung durch die Polizei rechtswidrig war, weil diese nicht von einem Richter angeordnet war. Nach der Verurteilung seines Mandanten überlegt er, ob in der rechtswidrigen Durchsuchung ein relativer Revisionsgrund zu sehen ist. Zu Recht?

Grundsätzlich ist ein Verstoß gegen *§ 105 StPO* nicht reversibel. Denn für eine Revision relevante Fehler kann nur das Gericht, nicht aber die Polizei begehen. Ein relativer Revisionsgrund kann aber in der **Verwertung des Durchsuchungsergebnisses durch das Gericht** gesehen werden. Möglicher Revisionsgrund ist also nicht ein Verstoß der Polizei gegen *§ 105 StPO*, sondern ein Verstoß des Gerichts gegen *§ 261 StPO*.

» Was versteht man unter einem Darlegungs- oder Darstellungsmangel, den man mit einer Sachrüge angreifen kann?

Ein Strafurteil muss aus sich heraus die Verurteilung des Angeklagten begründen können. **Enthält das Urteil Lücken**, die dazu führen, dass der Leser die Tat nicht unter die angeblich verwirklichten Straftatbestände subsumieren kann, spricht man von einem Darstellungsmangel.

» Ist die Strafzumessung im Rahmen einer Revision überprüfbar?

Grundsätzlich nein. Eine zu harte oder milde Strafe stellt **für sich genommen keinen Rechtsfehler** dar. Ein reversibler Fehler kann allein in der

Anwendung der Normen zur Ermittlung einer Strafe liegen – zB zur Berechnung einer Gesamtstrafe (*§ 54 StGB*) oder die falsche Berücksichtigung gesetzlicher Milderungsgründe (*§ 49 StGB*).

» Was passiert, wenn ein Angeklagter gegen das Urteil Berufung einlegt und der Mitangeklagte das Urteil aber mit einer Revision angreift?

Gemäß *§ 335 Abs. 3 StPO* wird die eingelegte Revision als Berufung behandelt. Grund hierfür ist, dass demjenigen, der die Revision eingelegt hat, nicht die nunmehr folgende **zweite Tatsacheninstanz beim Berufungsgericht** vorenthalten werden soll. Es bleibt ihm ja zudem unbenommen, gegen das Berufungsurteil dann später Revision einzulegen.

» A und B werden als Mittäter vor dem Landgericht zu Freiheitsstrafen verurteilt. A legt gegen das Urteil Revision ein, was auch zur Aufhebung des Urteils führte; B hatte dagegen die Rechtsmittelfrist verstreichen lassen. Was ist die Folge?

Die Urteilsaufhebung wirkt nach *§ 357 StPO* **auch zugunsten des Mitangeklagten** („Urteilsaufhebung über den Kopf des Mitangeklagten hinweg"). Dies soll eine Ungleichheit bei der Aburteilung mehrerer Angeklagter verhindern.

Anders aber bei der Berufung

Auf das Berufungsverfahren findet *§ 357 StPO* dagegen keine entsprechende Anwendung! Der Mitangeklagte profitiert dann also nicht.

Materielles Strafrecht

Rein materiell-rechtliche Strafrechtsprüfungen gibt es – anders als im Referendarexamen – im Assessorexamen so gut wie nie. Vielmehr zeigt eine Auswertung der bei uns eingereichten Protokolle, dass in der mündlichen Prüfung des 2. Staatsexamens **Fragen zum strafprozessualen Recht** in aller Regel einen erheblichen Umfang einnehmen.

Trotzdem bleibt das materielle Recht natürlich **auch in der mündlichen Prüfung im 2. Examen** sehr wichtig. Die Prüfer stellen in der Regel mehrere Fälle. Diese sind dann von den Kandidaten zum einen materiellrechtlich zu lösen; zum anderen baut der Prüfer an passender Stelle Fragen zum Prozessrecht ein. Es bleibt also dabei, dass vom Prüfling auch erwartet wird, das **materielle Strafrecht** zu beherrschen.

Genauso wie schon im Zivilrecht kann aufgrund der **enormen thematischen Bandbreite** des materiellen Strafrechts eine Auswertung der Protokolle nicht zu Standardfragen führen, die auffällig oft in der mündlichen Prüfung gestellt werden. Wir werden daher nicht willkürlich Fragen auflisten und suggerieren, dass man gut vorbereitet in die mündliche Prüfung geht, wenn man sich bloß mit diesen Fragen ausführlich beschäftigt hat. Vielmehr können wir im Folgenden nur ein paar **punktuelle Hinweise zur Vorbereitung** auf das materielle Strafrecht geben.

» *Allgemeine Hinweise*

Zunächst einmal gelten die bereits zur Vorbereitung des materiellen Zivilrechts dargestellten Hinweise für die Vorbereitung auf die mündliche Strafrechtsprüfung gleichermaßen:

- In aller Regel sind alle gestellten **Fälle mit guten Grundlagenkenntnissen** zu lösen. Die gängigsten Definitionen der wichtigsten Straftatbestände (zB die Mordmerkmale) sollte man natürlich können; es kommt den Prüfern aber weniger darauf an, dass man die fünfte und sechste Theorie zum Erlaubnistatbestandsirrtum aufsagen kann.

- Man sollte die erforderliche Wiederholung des materiellen Rechts vor allem auf die wichtigsten und **praktisch relevantesten Straftatbestände** ausrichten. Man kann nach der Auswertung der Protokolle in jedem Fall festhalten, dass im 2. Examen Straftatbestände wie Mord, Diebstahl, Betrug, Körperverletzung, Sachbeschädigung oder Trunkenheit im Verkehr deutlich häufiger Gegenstand der mündlichen Prüfung sind als die spezielleren Tatbestände wie Urkundenfälschung oder falsche uneidliche Aussage.
- Bei manchen Prüfern gelingt es **anhand der vorhandenen Protokolle** oder aber auch aus der beruflichen Tätigkeit heraus zumindest eine Tendenz zu erkennen, welche Straftatbestände dieser häufig zum Gegenstand seiner Prüfung macht.

Bei Staatsanwälten sollte man in jedem Fall in Erfahrung bringen, ob dieser in der **Abteilung für Allgemeine Strafsachen** tätig ist oder ob er in einem speziellen Dezernat der Staatsanwaltschaft arbeitet. Denn es ist naheliegend, dass ein Staatsanwalt insbesondere Fälle aus den Rechtsgebieten zum Gegenstand seiner Prüfung macht, mit denen er sich in seiner täglichen Arbeit beschäftigt.

» Aktuelle Rechtsprechung im Auge behalten

Genauso wie im Zivilrecht greifen die Prüfer auch im Strafrecht gerne **aktuelle Urteile oder rechtspolitische Diskussionen** auf und machen diese zum Thema ihrer mündlichen Prüfung. Man sollte daher in den Wochen vor der eigenen mündlichen Prüfung die **neuere, examensrelevante Rechtsprechung** im Auge behalten.

Wir unterstützen Dich dabei, indem wir tagesaktuell alle bei uns eingereichten Protokolle daraufhin überprüfen, ob den in der Prüfung behandelten Sachverhalten **aktuelle Urteile oder rechtspolitische Diskussionen** zugrunde liegen. Diese besonders examensrelevante Rechtsprechung bereiten wir auf und publizieren dies in unserem Insider-Dossier *„Aktuelle Rechtsprechung und rechtspolitische Themen in der mündlichen Prüfung im 2. Examen“*. Ausschließlich **Besteller von Protokollen** auf unserer Seite https://www.protokolle-assessorexamen.de haben nach dem Einloggen die Möglichkeit, dieses Insider-Dossier kostenpflichtig zu erwerben.

Prüfungsgespräch zur Wiederholung und Vertiefung

Das folgende Zwischenprüfungsgespräch ermöglicht Dir, die **Inhalte der vorangegangenen Kapitel** zu wiederholen und zu vertiefen.

» X fährt mit seinem aufwendig getunten Audi TT durch die Innenstadt. Als Polizisten ihn für eine allgemeine Verkehrskontrolle „herauswinken", gibt der X Vollgas, um sich der Kontrolle zu entziehen. Mit einer Geschwindigkeit von 168 km/h fährt X bei roter Ampel in einen Kreuzungsbereich ein und kollidiert mit einem entgegenkommenden Auto, das bei grün links abbiegen will. Der Fahrer des anderen Fahrzeugs wird derart schwer verletzt, dass er auf dem Weg ins Krankenhaus seinen Verletzungen erliegt. Was tun Sie als zuständiger Staatsanwalt?

„Raserfälle" in der mündlichen Prüfung

Seit den medial viel beachteten Entscheidungen im Falle der Raser auf dem Berliner Ku'damm gehören solche „Raser-Fälle" zu den Klassikern in den mündlichen Strafrechtsprüfungen im 2. Examen.

Ich prüfe zunächst, ob ein **Anfangsverdacht vorliegt**. Nur dann kann ich gemäß *§ 152 Abs. 2 StPO* Ermittlungen aufnehmen. Ein Anfangsverdacht ist zu bejahen, wenn eine verfolgbare Straftat gegeben ist.

» Welche Straftatbestände könnte der X denn verwirklicht haben?

In Betracht kommen zum einen – je nach konkreter **Bewertung insbesondere des subjektiven Tatbestandes** – die Tatbestände der fahrlässigen Tötung gemäß *§ 222 StGB*, der Körperverletzung mit Todesfolge nach *§ 227* StGB oder Mord nach den *§§ 211, 212 StGB*. Zudem kommen als **Straftatbestände** ein gefährlicher Eingriff in den Straßenverkehr gemäß

§ 315b StGB, eine Gefährdung des Straßenverkehrs nach *§ 315c StGB* sowie ein verbotenes Kraftfahrzeugrennen gemäß *§ 315d StGB* in Betracht.

» Gut, ein Anfangsverdacht liegt unproblematisch vor. Die Polizisten vor Ort haben bereits gemäß § 163b Abs. 1 StPO die Identität des X festgestellt und dabei Alkoholgeruch wahrgenommen. Welche Maßnahmen sollten Sie als Staatsanwalt daher treffen?

Ich ordne die **Entnahme einer Blutprobe** gemäß *§ 81a StPO* an. Einer richterlichen Anordnung bedarf es in diesem Fall nach Absatz 2 Satz 2 der Vorschrift nicht, da nunmehr der Verdacht begründet ist, dass der bereits genannte Straftatbestand der Gefährdung des Straßenverkehrs in Form des *§ 315c Abs. 1 Nr. 1a StGB* vorliegt bzw. eine **Trunkenheit im Verkehr** im Sinne des *§ 316 StGB* begangen worden ist.*

» Und welche Maßnahmen drängen sich – unabhängig vom Ergebnis der Blutuntersuchung – gegenüber X als Fahrzeugführer noch auf?

Da dem X im Falle einer Verurteilung gemäß *§ 69 StGB* die Fahrerlaubnis entzogen wird, beantrage ich beim Ermittlungsrichter die **vorläufige Entziehung der Fahrerlaubnis** nach *§ 111a Abs. 1 S. 1 StPO*. Der Führerschein ist gemäß den *§§ 111a Abs. 3, 94 Abs. 3 StPO* zu beschlagnahmen.

» Um was handelt es sich eigentlich bei einer Entziehung der Fahrerlaubnis in rechtlicher Hinsicht?

Die (vorläufige) Entziehung der Fahrerlaubnis ist eine sogenannte **Maßregel**. Sie ermöglicht einen präventiven Schutz der anderen Verkehrsteilnehmer und dient damit der Verkehrssicherheit.

---

* Bejaht man auch einen dringenden Tatverdacht hinsichtlich des Mords als Straftatbestand, kommt auch die Beantragung von Untersuchungshaft nach § 112 Abs. 3 StPO als Maßnahme in Betracht.

» *Um was handelt es sich demgegenüber bei einem Fahrverbot im Sinne des § 44 StGB?*

Beim Fahrverbot handelt es sich nicht um eine Maßregel, sondern **um eine (Neben-)Strafe**. Sie dient gerade nicht der präventiven Gefahrenabwehr. Vielmehr ist sie als Warnungs- und Besinnungsstrafe des Täters gedacht.

» *Wie ist das Verhältnis von Fahrverbot und Entziehung der Fahrerlaubnis zueinander?*

Die Anwendungsbereiche **schließen sich grundsätzlich aus**. Dies ergibt sich aus *§ 44 Abs. 1 S. 3 StGB*: Danach ist ein Fahrverbot nach *§ 44 StGB* gerade dann anzuordnen, wenn eine Entziehung der Fahrerlaubnis nach *§ 69 StGB* unterblieben ist. Ein Fahrverbot setzt also gerade voraus, dass der Täter **nicht ungeeignet** zum Führen von Fahrzeugen im Sinne des *§ 69 StGB* ist.

Ausweitung des Anwendungsbereichs des Fahrverbots

Mit der Strafrechtsreform im Jahre 2017 wurde der Anwendungsbereich des Fahrverbots erweitert. Nach der Neufassung des *§ 44 StGB* darf das Fahrverbot– über Straßenverkehrsdelikte hinaus – bei allen Straftaten ausgesprochen als Nebenstrafe werden.

» *Und welche Auswirkungen haben Fahrverbot einerseits und Entziehung der Fahrerlaubnis andererseits auf die verwaltungsrechtliche Erlaubnis, ein KFZ zu fahren?*

Das Fahrverbot hat keinen Einfluss auf die grundsätzliche Erlaubnis, ein Auto fahren zu dürfen. Die Entziehung der Fahrerlaubnis dagegen greift auf die **öffentlich-rechtliche Erlaubnis nach *§ 2 StVG*** selbst zu und hebt diese mit Rechtskraft der Entscheidung endgültig auf. Daher muss nach *§ 69a StGB* die Fahrerlaubnis wieder **neu beantragt und erteilt** werden.

» Zurück zum Fall: Der Unfall ereignete sich um ca. 22 Uhr. Die ärztliche Blutentnahme erfolgte erst um 2 Uhr nachts und hatte eine BAK von 1,0 Promille zum Ergebnis. Errechnen Sie bitte die BAK zur Tatzeit, um zu ermitteln, ob der X fahruntüchtig im Sinne des § 316 StGB war.

Die Tatzeit-BAK wird **durch Rückrechnung** ermittelt. Dabei wird ein stündlicher Abbauwert von 0,1 Promille zugrunde gelegt, der der BAK zum Zeitpunkt der Blutentnahme hinzugerechnet wird. Zugunsten des Täters sind aber die ersten beiden Stunden von der Rückrechnung auszunehmen. Danach beträgt die **Tatzeit-BAK des X** (1,0 Promille + 2 mal 0,1 Promille =) 1,2 Promille.

» Wie beurteilen Sie nach diesem Ergebnis nun die Fahrtüchtigkeit des X unter Berücksichtigung des Umstands, dass der X nachweislich Alkoholiker ist und das tägliche Trinken großer Mengen Alkohol gewöhnt ist?

Nach der Rechtsprechung ist **ab einer BAK von 1,1 Promille** absolute Fahruntüchtigkeit beim Führen von KFZ anzunehmen. Dabei handelt es sich um eine **unwiderlegbare prozessuale Beweisregel**. Selbst bei einer erhöhten Alkoholtoleranz des Täters, die bei Gewohnheitstrinkern in Betracht kommen mag, kann dies nicht zur Verneinung der Fahruntüchtigkeit führen.

» Richtig. Sie haben ausgeführt, dass das Verhalten des X als Mord zu bewerten sein könnte. Welche Mordmerkmale kommen denn für Sie in Betracht?

Als Mordmerkmal könnte zunächst **Heimtücke** vorliegen. Zudem kommt es in Betracht, dass X die Tat mit einem **gemeingefährlichen Mittel sowie aus niedrigen Beweggründen** begangen hat.

» Wenn Sie bedenken, dass der X sich der Polizeikontrolle entziehen wollte und zur Tatzeit eine BAK von 1,2 Promille aufwies: Kommt dann noch ein Mordmerkmal in Betracht?

Da der X **trotz absoluter Fahruntüchtigkeit** Auto gefahren ist, könnte er sich nach *§ 316 StGB* strafbar gemacht haben. Es ist naheliegend, dass der X gerade deshalb vor der Polizei geflohen ist, damit seine Alkoholisierung nicht in der Verkehrskontrolle festgestellt wird. Damit kommt auch das Mordmerkmal der **Verdeckung einer Straftat** in Betracht.

» So ist es. Definieren Sie bitte Heimtücke.

Heimtückisch handelt, wer eine zum Zeitpunkt des Angriffs bestehende **Arg- und Wehrlosigkeit des Opfers** bewusst zur Tat ausnutzt, wobei das Opfer gerade aufgrund der Arglosigkeit wehrlos sein muss. Arglos ist, wer zum Zeitpunkt der Tat **nicht mit irgendeinem Angriff rechnet**; wehrlos ist das Opfer, wenn es daher in der Abwehrbereitschaft eingeschränkt ist oder diese vollständig fehlt.

» Und wie fällt Ihre Subsumtion unter dieses Tatbestandsmerkmal konkret aus? Handelte X heimtückisch?

Das Unfallopfer, das sich **den Verkehrsregeln entsprechend verhalten hat**, konnte und musste nicht mit einem „Angriff" auf sich selbst rechnen und war somit arglos. Gerade aus diesem Grund fuhr das Unfallopfer bei grünem Licht in den Kreuzungsbereich ein und **startete den Abbiegevorgang**, was es wehrlos gegen den Angriff machte. Ich sehe das Mordmerkmal der Heimtücke für erfüllt an.

» Das ist gut vertretbar. Was versteht man denn unter einem gemeingefährlichen Mittel im Sinne des § 211 StGB?

Eine Tötung mit gemeingefährlichen Mitteln liegt vor, wenn der Täter eine **für ihn nicht mehr beherrschbare** Anzahl von Menschen an Leib und Leben gefährdet, weil er die Ausdehnung der Gefahr nicht mehr in der Hand hat. Dabei muss nicht unbedingt eine konkrete Gefährdung für weitere Personen, die sich tatsächlich im Einwirkungsbereich des Tatmittels aufhalten, bestehen. Es genügt vielmehr **die Gefährdungseignung in der konkreten Situation**.

» *Und auch hier die Frage: Halten Sie dieses Mordmerkmal für gegeben?*

Aufgrund der hohen Geschwindigkeit des X wirken das Fahrzeug sowie sich durch den Aufprall lösende **Fahrzeugteile wie Geschosse**. Diese gefährden nicht nur andere Autofahrer im Kreuzungsbereich, sondern zB auch auf dem Bürgersteig gehende Passanten. Es hängt **allein vom Zufall** ab, wer und wie viele Dritte von umherfliegenden Teilen verletzt werden. Aufgrund der Geschosswirkung der Teile sind **schwerste Verletzungen bis hin zu tödlichen Verletzungen** nicht auszuschließen. Die Tötung erfolgte also meiner Ansicht nach mit dem Fahrzeug als gemeingefährliches Mittel.

Keine Angst vor materiell-rechtlichen Fragen

Materielles (Straf-)Recht bleibt auch in der mündlichen Prüfung im 2. Examen wichtig. Die Fragen betreffen aber idR die Basics und stellen sicherlich keine Raketenwissenschaften dar. Als Anknüpfungspunkt für materiell-rechtliche Fragen wählen Prüfer dabei oftmals aktuelle Fälle wie hier die „Raser-Fälle".

Mit solchen aktuellen Entscheidungen sollte man sich im Vorfeld der eigenen mündlichen Prüfung beschäftigt haben und im konkreten Fall wissen, dass das Landgericht Berlin* bei den Rasern auf dem Berliner Ku'damm die Mordmerkmale der Heimtücke, der Begehung mit

* Landgericht Berlin, Urteil vom 26.03.2019 – Az.: (532 Ks) 251 Js 52/16 (9/18). Im ersten Urteil, das schließlich vom BGH aufgehoben wurde, hatte das LG lediglich

gemeingefährlichen Mitteln sowie niedrige Beweggründe bejaht hat. Zudem sollte man die Diskussion kennen, ob in Raser-Fällen ein Mordvorsatz angenommen werden kann, worauf wir im Folgenden noch kurz eingehen.

» Wie beurteilen Sie – auch wenn ich Ihnen diesbezüglich keine Sachverhaltsangaben an die Hand gegeben habe – die Vorsatzfrage?

Es stellt sich die Frage, ob der X (nur) **mit bewusster Fahrlässigkeit oder bereits mit bedingtem Vorsatz** gehandelt hat. Ersteres ist dann anzunehmen, wenn der Täter die Möglichkeit des Erfolgseintritts erkennt (kognitives Element), sich mit dieser jedoch nicht abfindet, sondern vielmehr darauf vertraut, der Erfolg werde nicht eintreten. Bedingter Vorsatz ist demgegenüber erst dann anzunehmen, wenn der Täter **auch einen eigentlich nicht gewünschten Erfolg billigt** und sich mit dem Eintritt abfindet, um sein eigentliches Ziel zu erreichen.

X fuhr innerorts **mit 168 km/h auf einen Kreuzungsbereich** zu, auf dem sich zu dieser Zeit auch andere Verkehrsteilnehmer befanden. Obwohl die grundsätzliche Möglichkeit bestanden hätte, abzubremsen und die Gefahr eines Unfalls mit einem Dritten zu reduzieren, nahm er die **Gefahr eines Frontalzusammenstoßes billigend in Kauf**, auch wenn sein eigentliches Ziel war, ohne Unfall über den Kreuzungsbereich hinwegzufahren und der Polizei zu entkommen. Meiner Auffassung nach ist daher bedingter Tötungsvorsatz beim X zu bejahen.

» Gibt es auch Argumente, die im konkreten Fall gegen die Annahme von Vorsatz sprechen?

---

ein Mordmerkmal bejaht, nämlich die Begehung mit einem gemeingefährlichen Mittel.

Der X fuhr mit seinem aufwendig getunten Audi TT durch die Innenstadt. Gerade die in das Auto getätigten Investitionen sprechen dafür, dass der Fahrer **eine Beschädigung seines eigenen Autos** unter allen Umständen vermeiden möchte und dass er daher die Möglichkeit, es könne zu einem Unfall kommen, vollständig ausgeblendet hat.

Zudem kann auch der **Aspekt der Eigengefährdung** gegen einen Tötungsvorsatz sprechen. Denn Raser gehen davon aus, dass sie die Situation beherrschen und ihnen nichts passieren wird. Hiergegen wird man jedoch argumentieren können, dass es **nicht zwingend gegen die Annahme eines bedingten Tötungsvorsatzes** des X spricht, dass er sich selbst einem Todesrisiko ausgesetzt hat. Denn dieses Risiko hat der X, um vor der Polizei zu flüchten, schlicht akzeptiert.

» Nach Ihren Ermittlungen steht für Sie fest, dass der X spätestens beim Einfahren in den Kreuzungsbereich erkannt und billigend in Kauf genommen hat, dass es zu einem für Dritte tödlichen Unfall kommen könnte. Zu diesem Zeitpunkt hatte er aber nachweislich auch keine Möglichkeit mehr, den Unfall zu verhindern. Liegt auch nach diesen Feststellungen beim X ein vorsätzliches Handeln vor?

Nein. Ein für den Unfall und den Tod des Opfers ursächliches Verhalten des X, das von einem Tötungsvorsatz getragen war, gab es nach diesen Feststellungen nicht. Vielmehr liegt lediglich ein **strafrechtlich irrelevanter „dolus subsequens“** vor – also ein nachträglicher Vorsatz des Täters zu einem Zeitpunkt, in dem die Tathandlung, die letztlich zum Tod des Opfers führt, bereits vollständig in Gang gesetzt worden war.

» Kommen wir zu einer möglichen Strafbarkeit nach § 315d StGB. Bitte subsumieren Sie den Sachverhalt unter den Straftatbestand.

Nach *§ 315d Abs. 1 Nr. 3 StGB* macht sich strafbar, wer sich als Kraftfahrzeugführer mit nicht angepasster Geschwindigkeit und grob verkehrswidrig und rücksichtslos fortbewegt, um eine höchstmögliche Geschwindigkeit zu erreichen. Die Tatbestandsmerkmale der **nicht angepassten Geschwindigkeit** sowie ein **grob verkehrswidriges Verhalten** des X sind durch das viel zu hohe Tempo innerorts und den Rotlichtverstoß unproblematisch zu bejahen.

Es stellt sich aber die Frage, ob das Verhalten des X von der Absicht getragen war, die **höchstmögliche Geschwindigkeit zu erreichen**. Zum einen sind 167 km/h objektiv betrachtet nicht ansatzweise die Höchstgeschwindigkeit eines getunten Audi TT. Zum anderen war es die primäre Absicht des X, der Polizei davon zu fahren. Auf die Geschwindigkeit allein kam es ihm nicht an.

» Das Problem haben Sie korrekt herausgearbeitet. Wissen Sie denn auch, ob die Rechtsprechung bei einer Flucht vor der Polizei eine strafbare Handlung im Sinne des § 315d Abs. 1 Nr. 3 StGB annimmt?

Die Rechtsprechung geht davon aus, dass **nicht die Absicht erforderlich ist**, das Fahrzeug mit objektiv höchstmöglicher Geschwindigkeit zu führen oder es bis an die technischen Grenzen auszufahren. Ausreichend ist vielmehr das Abzielen auf eine **relative, eine nach den Sicht-, Straßen- und Verkehrsverhältnissen** oder den persönlichen Fähigkeiten des Fahrers mögliche Höchstgeschwindigkeit.

Weiterhin muss die Absicht, eine höchstmögliche Geschwindigkeit zu erreichen, auch **nicht Haupt- oder Alleinbeweggrund für die Fahrt** sein. Wenn die weiteren Tatbestandsvoraussetzungen – so wie in dem uns vorliegenden Fall – festgestellt werden, kann bei einer „Polizeiflucht“ eine Strafbarkeit nach *§ 315d Abs. 1 Nr. 3 StGB* vorliegen.*

* So im Ergebnis u.a. das OLG Stuttgart, Beschluss vom 04.07.2019 – Az.: Rv 28 Ss 103/19 sowie das OLG Köln, Urteil vom 05.05.2020 – Az.: 1 RVs 45/20.

Vorlagebeschluss des AG Villingen-Schwenningen

Das Amtsgericht Villingen-Schwenningen hält es für möglich, dass die Vorschrift des *§ 315d Abs. 1 Nr. 3 StGB* wegen Verstoß gegen das verfassungsrechtliche Bestimmtheitsgebot des *Art. 103 Abs. 2 GG* verfassungswidrig ist. Es hat daher dem Bundesverfassungsgericht per Vorlagebeschluss diese Frage zur Entscheidung vorgelegt.*

» Ausgehend von Ihren Ermittlungsergebnissen: Bei welchem Gericht erheben Sie Anklage gegen den X?

Da es sich bei Mord nach *§ 74 Abs. 2 S. 1 Nr. 3 GVG* um eine Katalogstraftat handelt, ist erstinstanzlich die **Strafkammer des Landgerichts** als Schwurgericht zuständig.

» In welcher Besetzung entscheidet das Gericht?

Grundsätzlich sind Strafkammern mit zwei Berufsrichtern und zwei Schöffen besetzt. Da die Strafkammer aber **als Schwurgericht entscheidet**, ist die Besetzung drei Berufsrichter und zwei Schöffen.

» Das Schwurgericht verurteilt den X u.a. wegen Mordes. Welches Gericht ist im Falle einer Berufung des X gegen das Strafurteil zuständig?

Sofern in 1. Instanz das Landgericht zuständig ist, kann man gegen das Urteil keine Berufung einlegen. Statthaftes Rechtsmittel ist **allein die Revision** zum Bundesgerichtshof.

» Sehr gut, da haben Sie sich nicht von mir aufs Glatteis führen lassen. Welche Fristen sind beim Einlegen einer Revision zu beachten?

* AG Villingen-Schwenningen, Beschluss vom 16.01.2020 – Az.: 6 Ds 66 Js 980/19.

Nach *§ 341 StPO* ist die Revision **binnen einer Woche ab Verkündung** des Urteils einzulegen. Und gemäß *§ 345 StPO* muss die Revision innerhalb einer **weiteren Frist von einem Monat** ab Einlegung des Rechtsmittels bzw. ab Zustellung des Strafurteils begründet werden.

» Sieht die StPO auch eine Begründungsfrist und -pflicht bei Einlegen einer Berufung vor?

Nein. Zwar **kann** die Berufung begründet werden. Dann gilt die Frist des *§ 317 StPO*, wonach die Begründung innerhalb von einer Woche nach Einlegen des Rechtsmittels einzureichen ist. Eine **Pflicht zur Begründung** der Berufung besteht jedoch nicht.

Legt die **Staatsanwaltschaft Berufung** ein, ist sie jedoch nach *RiStBV 156 I* angehalten, die Berufung zu begründen.

» Was ist die RiStBV eigentlich in rechtlicher Hinsicht?

Bei der RiStBV handelt es sich **um eine Verwaltungsvorschrift**, an die Staatsanwälte als behördeninterne Anweisung gebunden sind.

» Wie ist der Prüfungsumfang des Revisionsgerichts definiert?

Nach *§ 337 StPO* prüft das Gericht im Falle einer Revision, ob **eine „Verletzung des Gesetzes“ vorliegt**. Eine solche Verletzung liegt vor, wenn eine materiell-rechtliche oder prozessuale Norm nicht oder nicht richtig angewendet worden ist.

Stellt das Gericht eine Rechtsverletzung fest, prüft es **in einem zweiten Schritt**, ob die Entscheidung auf dieser Verletzung der Gesetze beruht. Das ist dann der Fall, wenn das Urteil bei richtiger Anwendung der Gesetze **anders ausgefallen wäre**.

» Was ist im Hinblick auf die Verfahrensrügen der Unterschied zwischen absoluten und relativen Revisionsgründen?

Liegt eine in *§ 338 StPO* genannte Rechtsverletzung vor, handelt es sich um einen absoluten Revisionsgrund, bei dem per Gesetz **eine unwiderlegbare Vermutung dahingehend** besteht, dass das Urteil auf der Verletzung der jeweiligen Verfahrensnorm beruht.

Bei nicht in *§ 338 StPO* aufgeführten Verletzungen des Verfahrensrechts handelt es sich dagegen um einen relativen Revisionsgrund, bei dem das Beruhen **gesondert geprüft und festgestellt werden** muss.

» Welche Rechtsmittel kennt die Strafprozessordnung neben Berufung und Revision noch?

Als Rechtsmittel ist in der StPO **die Beschwerde vorgesehen**, und zwar in der Form der einfachen, der sofortigen und der weiteren Beschwerde.

» Und wonach richtet es sich, ob eine einfache oder sofortige Beschwerde das statthafte Rechtsmittel ist?

Eine sofortige Beschwerde ist immer nur dann das statthafte Rechtsmittel, wenn **das Gesetz dies ausdrücklich so vorsieht**. In allen anderen Fällen ist eine einfache Beschwerde einzulegen.

» Nennen Sie mir bitte abschließend zwei Rechtsbehelfe, die in der Strafprozessordnung vorgesehen sind.

Zu den **strafprozessualen Rechtsbehelfen** zählen zB die Wiedereinsetzung in den vorigen Stand nach den *§§ 44 ff. StPO* sowie der Einspruch gegen einen Strafbefehl gemäß *§ 410 StPO*.

Prüfungsgespräch mit weiteren Fragen aus dem Strafrecht

Im Folgenden gehen wir im Stil eines Prüfungsgesprächs noch auf weitere Themen ein, auf die wir **im Rahmen unserer Auswertung der Protokolle** ebenfalls gestoßen sind. Auch diese Fragen und Themen waren – wenn auch nicht so häufig wie die zuvor dargestellten Themen – das ein oder andere Mal Gegenstand der mündlichen Strafrechtsprüfung. Zur **bestmöglichen Vorbereitung auf die mündliche Prüfung** sollte man sich daher auf jeden Fall auch mit den folgenden Fragen sorgfältig beschäftigen.

» *Fall 1: Sie sind Staatsanwalt. Am Morgen liegt auf ihrem Tisch eine neue Akte. Danach ging der Beschuldigte B in einem Supermarkt zu dem dortigen Zeitschriftenregal und entnahm einen „Playboy" für 5 €. Bei der Selbstbedienungskasse scannte er aber nicht den auf dem „Playboy" befindlichen Strichcode ein, sondern hielt den zuvor von der Tageszeitung „WAZ" ausgerissenen Strichcode, den er in seinem Portemonnaie mit sich geführt hatte, unter das Lesegerät.* * *Die Kasse warf daraufhin den Preis für eine „WAZ" von 1,20 € aus, welchen der Angeklagte bezahlte. Sodann verließ er mit dem „Playboy" das Geschäft. Dabei wurde er vom Detektiv des Supermarkts beobachtet. Was machen Sie nun?*

Als Staatsanwalt ist zu prüfen, ob gegen den B **ein Ermittlungsverfahren** einzuleiten ist. Auch wenn es das Ziel eines Ermittlungsverfahrens ist festzustellen, ob ein hinreichender Tatverdacht besteht, um dann Anklage zu

* Der Fall des Scannens des falschen Barcodes an einer Selbstbedienungskasse ist ein „Klassiker" in mündlichen Strafrechtsprüfungen, der immer wieder mal zum Thema der Prüfung gemacht wird. Grundlage hierfür ist u.a. ein Urteil des OLG Hamm vom 08.08.2013.

erheben, reicht für die Einleitung des Ermittlungsverfahrens ein **Anfangsverdacht** aus.

» *Wann liegt denn ein Anfangsverdacht vor?*

Ein Anfangsverdacht gemäß *§ 152 Abs. 2 StPO* ist gegeben, wenn zureichende tatsächliche Anhaltspunkte dafür bestehen, dass eine Straftat vorliegt.

Fragen nach den Verdachtsarten

Die unterschiedlichen Verdachtsstufen sind an vielen Stellen der StPO relevant; dementsprechend oft werden die Definitionen zu den Verdachtsarten von den Prüfern abgefragt.

» *In diesem Fall hat die Staatsanwaltschaft durch eine polizeiliche Ermittlung Kenntnis von einer Straftat bekommen. Was kann darüber hinaus eine staatsanwaltliche Ermittlung begründen?*

Ein Strafantrag, eine Strafanzeige oder ein Umstand, durch den der Staatsanwalt „auf anderem Wege" Kenntnis von einer möglichen Straftat erlangt. Beispiele für die **Kenntniserlangung „auf anderem Wege"** sind die gerade angedeutete Weitergabe von Akten durch andere Behörden sowie zB der Bericht über Straftaten in Rundfunk oder Presse.

» *Worin unterscheiden sich Strafanzeige und Strafantrag?*

Eine Strafanzeige (*§ 158 StPO*) ist eine bloße **Mitteilung durch Dritte** über eine möglicherweise begangene Straftat. Sie ist eine bloße Anregung, einen bestimmten Sachverhalt strafrechtlich zu überprüfen und ggf. ein Ermittlungsverfahren einzuleiten.

Ein Strafantrag (*§ 158 StPO* iVm *§§ 77 ff. StGB*) enthält den über eine bloße Mitteilung hinausgehenden, **ausdrücklichen Wunsch** des nach dem Gesetz zum Strafantrag Befugten zur Strafverfolgung. Er ist Prozessvoraussetzung, ohne den eine Bestrafung nicht möglich ist.

» *Wo wir gerade beim Thema Strafantrag sind: Was versteht man unter absoluten und relativen Antragsdelikten? Nennen Sie mir bitte auch jeweils Beispiele für derartige Straftatbestände.*

Bei absoluten Antragsdelikten ist ein **Strafantrag zwingende Voraussetzung** für die Verfolgung der Tat. Beispiele hierfür sind der Hausfriedensbruch gemäß *§ 123 StGB* sowie die Beleidigung nach *§ 185 StGB*.

Auch für die Verfolgung **relativer Antragsdelikte** ist zwar grundsätzlich ein Strafantrag erforderlich. Fehlt ein solcher, kann die Staatsanwaltschaft dennoch ermitteln und Anklage erheben, wenn **ein besonderes öffentliches Interesse** an der Strafverfolgung besteht. Solche relativen Antragsdelikte sind beispielsweise die **vorsätzliche und die fahrlässige Körperverletzung** gemäß den *§§ 223, 229 StGB*, die nach *§ 230 StGB* grundsätzlich nur auf Antrag verfolgt werden.

***§ 230 Abs. 1 S. 1 StGB* lautet:**

„Die vorsätzliche Körperverletzung nach *§ 223* und die fahrlässige Körperverletzung nach *§ 229* werden nur auf Antrag verfolgt, es sei denn, dass die Strafverfolgungsbehörde wegen des besonderen öffentlichen Interesses an der Strafverfolgung ein Einschreiten von Amts wegen für geboten hält."

» *Wie ist denn der Begriff des „besonderen öffentlichen Interesses" definiert?*

Eine Definition findet sich zwar nicht im Strafgesetzbuch, wohl aber in der **RiStBV 234 I 1**: „Ein besonderes öffentliches Interesse an der Verfolgung von Körperverletzungen (*§ 230 Abs. 1 Satz 1 StGB*) wird namentlich dann anzunehmen sein, wenn der Täter **einschlägig vorbestraft ist**, roh oder besonders leichtfertig oder aus rassistischen, fremdenfeindlichen oder sonstigen menschenverachtenden Beweggründen gehandelt hat, durch die Tat **eine erhebliche Verletzung verursacht** wurde, oder dem Opfer wegen seiner persönlichen Beziehung zum Täter nicht zugemutet werden kann, Strafantrag zu stellen, und die Strafverfolgung **ein gegenwärtiges Anliegen der Allgemeinheit** ist."

» Bei einer Körperverletzung stellt der Verletzte Strafantrag. Werden Sie als Staatsanwalt bei Vorliegen eines hinreichenden Tatverdachts zwingend die Straftat verfolgen und zB Anklage erheben?

Bei der Körperverletzung handelt es sich **um ein Privatklagedelikt** im Sinne des *§ 374 StPO*. Gemäß *§ 376 StPO* „wird wegen der in *§ 374* bezeichneten Straftaten von der Staatsanwaltschaft nur dann öffentliche Klage erhoben, wenn dies **im öffentlichen Interesse** liegt".*

» Zurück zum Fall. Liegt denn ein Anfangsverdacht vor, dass durch B eine Straftat begangen wurde bzw. welche Straftat könnte er begangen haben?

Möglich erscheint zunächst, dass das Verhalten des B den Tatbestand eines **Computerbetruges** gemäß *§ 263a Abs. 1 StGB* erfüllt. Alternativ könnte die Mitnahme der Zeitschrift auch als **Diebstahls** gemäß *§ 242 Abs. 1 StGB* zu bewerten sein.

» Dann prüfen Sie bitte zunächst die tatbestandlichen Voraussetzungen für einen Computerbetrug.

Voraussetzung eines Computerbetrugs ist **eine Beeinflussung des Ergebnisses des Datenverarbeitungsvorgangs**, welcher in der Entspre-

---

* Eine Definition des „öffentlichen Interesses" findet sich in RiStVB 86 II. Man muss sich die unterschiedliche Bedeutung des „besonderen öffentlichen Interesses" einerseits und des „öffentlichen Interesses" andererseits klarmachen.

chung zu *§ 263 StGB* an die Stelle der (irrtumsbedingten) Vermögensverfügung tritt. Der Tatbestand des *§ 263a StGB* erfordert also, dass die **Manipulation des Datenverarbeitungsvorgangs** unmittelbar eine vermögensrelevante Disposition des Computers verursacht.

Hier führt aber **das Einscannen des Strichcodes** der „WAZ" allein zu der Anzeige eines im Verhältnis zu der tatsächlich ausgewählten Zeitschrift geringeren Kaufpreises. Diese Anzeige bewirkt noch **keinen verfügungsähnlichen Vorgang**, der sich als unmittelbare Vermögensbeeinträchtigung darstellte. Die nachfolgende Mitnahme der Zeitschrift wird durch den Datenverarbeitungsvorgang als solchen **weder ermöglicht noch erleichtert**. Der Tatbestand des *§ 263a StGB* wurde durch den B also nicht verwirklicht.

» Richtig. Liegen denn die Tatbestandsvoraussetzungen eines Diebstahls nach § 242 Abs. 1 StGB vor?

Ja. Indem der B mit dem „Playboy" den Kassenbereich passiert und **nur 1,20 € an der Selbstbedienungskasse gezahlt** hat, hat er eine fremde bewegliche Sache weggenommen. Die Zeitschrift war für ihn **fremd**, weil mit dem Bezahlvorgang an der Selbstbedienungskasse keine Übereignung der Zeitschrift stattgefunden hat.

Eine **Wegnahme** liegt vor, weil der Angeklagte mit dem Passieren des Kassenbereichs neuen, eigenen Gewahrsam am „Playboy" begründet hat, ohne dass der frühere Gewahrsamsinhaber – der Geschäftsinhaber bzw. Geschäftsführer – hierzu **sein Einverständnis erklärt** hat.

» Ändert sich etwas an Ihrer Bewertung, wenn wir berücksichtigen, dass er dabei von einem Detektiv beobachtet wurde?

Soweit die Mitnahme der Zeitschrift **durch einen als Detektiv** angestellten Mitarbeiter beobachtet worden ist, schließt dies die Gewahrsamserlangung durch den Angeklagten nicht aus, weil *§ 242 StGB* **Heimlichkeit gerade nicht voraussetzt**.

» Wie ist also nun Ihr Ergebnis und wie gehen Sie als Staatsanwalt im Ermittlungsverfahren weiter vor?

Es ist ein **Anfangsverdacht zu bejahen**, dass das Verhalten des B einen Diebstahl darstellt. Ich nehme also die Ermittlungen auf und habe entsprechend *§ 160 Abs. 2 StPO* **alle be- und entlastenden Umstände** zu ermitteln bzw. Beweise zu sichern.

> **„Objektivste Behörde der Welt“**
>
> Die Staatsanwaltschaft ist ein zu Gerechtigkeit und Objektivität verpflichtetes Rechtspflege- und Justizorgan. *§ 160 Abs. 2 StPO* ist daher Ausdruck des „fair-trial“-Grundsatzes.

Im vorliegenden Fall ist beispielsweise – soweit noch nicht geschehen – der Detektiv des Supermarkts **als Zeuge zu vernehmen**. Dazu wird die Akte mit einer entsprechenden Verfügung an die Polizei versandt, die dann die Vernehmung **in ihrer Funktion als Ermittlungspersonen der Staatsanwaltschaft** (*§ 152 GVG*) übernimmt.

» Was passiert, wenn der Zeuge sich weigert, zur Vernehmung und Protokollierung seiner Aussage bei der Polizei zu erscheinen?

Früher gab es keine gesetzliche Pflicht, einer Ladung der Polizei nachzukommen. Allein die Staatsanwaltschaft hatte nach *§ 161a Abs. 1 S. 1 StPO* das Recht, Zeugen oder Sachverständige verpflichtend zu laden. Der Grund hierfür war ua, dass gerade am Anfang der Ermittlungen **oftmals noch nicht geklärt ist**, ob ein Zeuge nicht doch in irgendeiner Weise in eine Straftat verwickelt ist und ihm daher die Rechte eines Beschuldigten zustehen. Die Prüfung, **ob jemand Zeuge oder doch Beschuldigter** im

Rahmen eines Strafverfahrens ist, sollte ausschließlich die Staatsanwaltschaft vornehmen.

Im Zuge der **StPO-Reform im Jahr 2017** wurde die Aussagepflicht von Zeugen erweitert. Nunmehr sind Zeugen nach *§ 163 Abs. 3 StPO* „verpflichtet, **auf Ladung vor Ermittlungspersonen der Staatsanwaltschaft** zu erscheinen und zur Sache auszusagen, wenn der Ladung ein Auftrag der Staatsanwaltschaft zugrunde liegt".

» Und was können Sie als Staatsanwalt machen, wenn der Zeuge Ihrer Ladung nicht Folge leistet?

Nach *§ 161a Abs. 2 StPO* iVm *§ 51 StPO* kann die Staatsanwaltschaft gegen den Zeugen ein **Ordnungsgeld verhängen** und ihn ggf. **zwangsweise vorführen** lassen.

» Am Ende Ihrer Ermittlungen stellt sich der Tathergang so heraus, wie im Fall geschildert. Welche Möglichkeiten haben Sie nun?

Da aufgrund des Sachverhalts eine **überwiegende Wahrscheinlichkeit besteht**, dass der B wegen Diebstahls verurteilt wird (also ein hinreichender Tatverdacht zu bejahen ist), ist gegen den B **Anklage zu erheben** oder ein **Antrag auf Erlass eines Strafbefehls** zu stellen.

» Zu welchem Gericht würden Sie denn Anklage gegen B erheben?

Ohne Kenntnis von etwaigen Vorstrafen des B kommt in dem genannten Fall nur eine Geldstrafe in Betracht. Da es sich bei *§ 242 StGB* um ein Vergehen handelt, ist **der Strafrichter sachlich zuständig**.

» Wäre diese Frage anders zu beurteilen, wenn der B 20 Jahre alt wäre?

Ja. Dann wäre der B Heranwachsender. Gemäß *§ 108 Abs. 1 JGG* gilt die **Zuständigkeit der Jugendgerichte** auch für Heranwachsende. Dies gilt nach Absatz 2 der Norm selbst dann, wenn zu erwarten ist, dass auf den Heranwachsenden das Erwachsenenstrafrecht anzuwenden sein wird. Die Anklage wäre also dann **zum Jugendrichter zu erheben**.

Anwendungsbereich des Jugendstrafrechts

Nach *§ 1 Abs. 2 JGG* ist Heranwachsender, „wer zurzeit der Tat achtzehn, aber noch nicht einundzwanzig Jahre alt ist".

Auf einen Heranwachsenden wird nach *§ 105 JGG* Jugendstrafrecht angewendet, wenn entweder die Tat eine jugendtypische Verfehlung darstellt oder der Täter (zum Zeitpunkt der Tat) hinsichtlich seiner Reife einem Jugendlichen gleichsteht.

» Nennen Sie bitte abschließend einige wesentliche Unterschiede des Jugendstrafverfahrens zum allgemeinen Strafverfahren der StPO.

Zunächst einmal ist das **Erwachsenenstrafrecht auf die Tat bezogen**, während das Jugendstrafrecht auf den Täter bezogen ist. Im Jugendstrafrecht steht **nicht die Strafe** im Vordergrund, sondern vielmehr der Erziehungsgedanke.

Aus diesem Grunde weist **das JGG sein eigenes Rechtsfolgensystem** auf. Vorgesehen sind Maßregeln, Zuchtmittel und die Jugendstrafe. Die Jugendstrafe beträgt dabei mindestens sechs Monate und höchstens zehn Jahre. Der Jugendrichter kann mögliche **Sanktionen auch miteinander kombinieren**. So ist beispielsweise auch Arrest neben einer Jugendstrafe möglich (sog. Warnschussarrest, vgl. *§ 16a JGG*).

Bei Verhandlungen gegen einen Jugendlichen schreibt *§ 48 Abs. 1 JGG* die **Nichtöffentlichkeit der Verhandlung** vor. Dies dient dem Schutz des Jugendlichen. Richtet sich die Verhandlung gegen einen Heranwachsenden, ist die Verhandlung dagegen grundsätzlich öffentlich; die Öffentlichkeit kann aber gemäß *§ 109 Abs. 1 S. 4 JGG* ausgeschlossen werden, wenn dies **im Interesse des Heranwachsenden** geboten ist.

Eine weitere Besonderheit in der Hauptverhandlung einer Jugendstrafsache ist die **Beteiligung der Jugendgerichtshilfe**. Die Jugendgerichtshilfe ist ein Fachdienst der Jugendämter. Sie bietet dem Täter Gespräche an, kann einen Bericht über das **(familiäre) Umfeld des Täters** erstellen und macht Vorschläge für ein mögliches Urteil.

» Fall 2: Stellen Sie sich vor, Sie sind Richter und es steht folgende Sache zur Verhandlung an: Der Angeklagte soll laut Anklageschrift seine damalige Lebensgefährtin geprügelt haben. Fotos und ärztliche Atteste nach Untersuchung der Geschädigten sind in der Akte enthalten. Die Polizei hat die Geschädigte ausführlich vernommen. In dieser Vernehmung hat diese die Attacke des Angeklagten detailliert beschrieben und Strafantrag gestellt. Wie ist in groben Zügen der Ablauf der nun anstehenden Hauptverhandlung?

Die Hauptverhandlung beginnt gemäß *§ 243 Abs. 1 StPO* mit dem **Aufruf zur Sache**. Der Richter stellt nun die **Anwesenheit sämtlicher Beteiligter** – also des Angeklagten und seines Verteidigers, der Zeugen sowie ggf. der Nebenkläger und der geladenen Sachverständigen – fest.*

Gemäß *§ 243 Abs. 2 StPO* verlassen die Zeugen den Sitzungssaal und der Angeklagte wird **zu seinen persönlichen Verhältnissen** befragt.

Anschließend folgt nach *§ 243 Abs. 3 StPO* **die Verlesung der Anklageschrift**. Nachdem der Richter die Anwesenden darüber informiert hat, ob Gespräche zu einer **möglichen Verständigung** gemäß *§ 257c StPO* statt-

* Die Anwesenheit des Staatsanwalts wird aufgrund der Offizialmaxime von der Strafprozessordnung vorausgesetzt und wird daher vom Richter nicht überprüft.

gefunden haben*, wird der Angeklagte gemäß *§ 243 Abs. 5 StPO* über sein Recht belehrt, zu schweigen.

Sofern der Angeklagte nichts zur Sache sagen möchte, wird umgehend mit der **Beweisaufnahme** begonnen. Die Zeugen werden aufgerufen, nach *§ 52 Abs. 1 StPO* über ein mögliches Aussageverweigerungsrecht belehrt, nach *§ 57 StPO* zu Wahrheit ermahnt und **zur Sache vernommen**.

Gemeinsame Belehrung der Zeugen

Auch wenn *§ 57 StPO* grundsätzlich vorsieht, dass jeder Zeuge vor der jeweiligen Vernehmung zur Wahrheit ermahnt und über die strafrechtlichen Folgen einer unrichtigen oder unvollständigen Aussage belehrt wird, ist es zulässig, nach Aufruf der Sache alle anwesenden Zeugen gemeinsam zu belehren, bevor die Zeugen dann den Sitzungssaal verlassen.

Sind alle Beweise erhoben, wird die Beweisaufnahme geschlossen. Es folgen die **Plädoyers von Staatsanwaltschaft und Verteidigung**. Anschließend ist dem Angeklagten das letzte Wort zu gewähren (*§ 258 Abs. 2 und 3 StPO*). Letztlich folgt die **Urteilsverkündung**.

» Den Ablauf haben Sie sehr gut dargestellt. Ich habe aber noch Nachfragen hierzu: Muss die Belehrung des Angeklagten über sein Schweigerecht nicht bereits vor der Vernehmung zu seinen persönlichen Verhältnissen erfolgen?

Nein. Die Vernehmung des Angeklagten zu seinen persönlichen Verhältnissen dient der **Identitätsfeststellung**. Der Angeklagte hat dabei über

* Gemäß § 273 Abs. 1a S. 1 StPO muss im Falle einer Verständigung dessen wesentlicher Ablauf und Inhalt in das Protokoll aufgenommen werden. Gleiches gilt nach Satz 3 der Vorschrift für den Fakt, dass in dem Verfahren Verständigungsgespräche nicht stattgefunden haben.

seinen Vor-, Familien- oder Geburtsnamen, den Ort und Tag seiner Geburt, seinen Familienstand, seinen Beruf, seinen Wohnort, seine Wohnung und seine Staatsangehörigkeit Auskunft zu geben, wie sich aus *§ 111 Abs. 1 OWiG* ergibt. Verweigert der Angeklagte diese Angaben, darf das Gericht von den **bereits in der Akte enthaltenen Angaben** ausgehen, so wie sie bereits im Vorverfahren festgestellt wurden.

Zudem dient die Befragung zu den persönlichen Verhältnissen **der Klärung von Prozessvoraussetzungen;** hierzu zählen zB die Verhandlungsfähigkeit des Angeklagten sowie die Strafmündigkeit.

Im Rahmen der Vernehmung zu den persönlichen Verhältnissen steht dem Angeklagten **kein Schweigerecht** zu. Dieses bezieht sich vielmehr ausschließlich auf die Vernehmung des Angeklagten zur Sache.

» Einer der geladenen Zeugen ist zugleich Nebenkläger im Verfahren. Muss auch dieser den Sitzungssaal verlassen, damit er die Einlassungen des Angeklagten nicht hört?

Ein Nebenkläger hat abweichend von den Regelungen in den *§§ 58, 243 StPO* ein Anwesenheitsrecht. Er **muss nicht den Saal verlassen** und kann sowohl den Einlassungen des Angeklagten als auch den Aussagen der weiteren Zeugen beiwohnen. **Dieses umfassende Anwesenheitsrecht** dient gerade der Wahrnehmung sämtlicher Rechte als Nebenkläger.

Besondere Rechte eines Nebenklägers

Neben dem Anwesenheitsrecht hat der Nebenkläger nach *§ 397 StPO* insbesondere folgende Rechte: Das Recht zur Ablehnung eines Richters oder Sachverständigen, das Fragerecht, das Beweisantragsrecht sowie das Recht zur Abgabe von Erklärungen.

» Auf was kann sich denn eine Verständigung, auf die der Richter nach Verlesen der Anklageschrift hinweisen muss, in rechtlicher Hinsicht beziehen?

Nach *§ 257c Abs. 1 StPO* darf sich eine Verständigung **nur auf die Rechtsfolgen, nicht aber den Schuldspruch** als solchen beziehen. Es ist also nicht möglich, dass sich die Beteiligten darauf einigen, ein Verhalten, dass eigentlich den Tatbestand der Erpressung erfüllt, werde im Folgenden als Nötigung im Sinne des *§ 240 StGB* gewertet.

» Ist es den Verfahrensbeteiligten möglich, im Rahmen eines solchen „Deals" eine konkrete Strafe zu vereinbaren oder einen Rechtsmittelverzicht aufzunehmen?

Nein, das ist nicht möglich. Nach *§ 257c Abs. 3 S. 2 StPO* ist es dem Gericht lediglich erlaubt, eine **Ober- und Untergrenze der Strafe** anzugeben, an die es sich im Falle einer Verständigung halten wird. Dass sich die Beteiligten **nicht auf einen Rechtsmittelverzicht verständigen** dürfen, ergibt sich aus *§ 35a S. 3 StPO*, wonach der Angeklagte im Rahmen der Rechtsmittelbelehrung ausdrücklich darauf hinzuweisen ist, dass er „in jedem Fall frei in seiner Entscheidung ist, ein Rechtsmittel einzulegen".

Aussetzung der Vollstreckung einer Freiheitsstrafe

Den Beteiligten ist es aber erlaubt, sich darauf zu verständigen, dass eine etwaige Freiheitsstrafe zur Bewährung ausgesetzt wird, wenn der Angeklagte zB ein – glaubwürdiges – Geständnis ablegt.

» Und wer muss einer Verständigung zustimmen, damit diese wirksam ist?

Nach *§ 257c Abs. 3 S. 4 StPO* kommt eine Verständigung zustande, wenn **Angeklagter und Staatsanwaltschaft dem Vorschlag des Gerichts** zustimmen. Ein Nebenkläger dagegen wird zwar vor einem „Deal" angehört und informiert; seine Zustimmung ist aber nicht erforderlich.

» Zurück zum Fall: Sie beginnen mit der Vernehmung der Geschädigten als Zeugin. Im Rahmen der Belehrung über ein möglicherweise bestehendes Aussageverweigerungsrecht weist die Geschädigte darauf hin, dass sie mit dem Angeklagten schon lange verlobt sei. Was hat dies für Konsequenzen?

Eine Vernehmung der Geschädigten als Zeugin scheidet aufgrund ihres **bestehenden Zeugnisverweigerungsrechts** nach *§ 52 Abs. 1 Nr. 1 StPO* aus. Dies gilt zumindest dann, wenn tatsächlich ein von beiden Seiten ernst gemeintes Eheversprechen vorliegt.

» Können Sie die Aussage der Geschädigten, die diese bei der Polizei gemacht hat, auf andere Weise in den Prozess einbringen?

Denkbar wäre die **Verlesung des Protokolls** oder aber die **Vernehmung des Polizeibeamten**, der die Vernehmung durchgeführt hat. Sowohl die Verlesung des Protokolls als auch die Vernehmung des Polizeibeamten als Vernehmungsperson verstoßen aber gegen das **Beweisverwertungsverbot des *§ 252 StPO***. Die Aussage der Geschädigten kann also nicht auf andere Weise in den Prozess eingeführt werden.

> **Vernehmung des Angeklagten**
>
> Wurde der Angeklagte selbst vormals polizeilich vernommen, darf dieses Protokoll zwar ebenfalls nicht per Verlesung in den Prozess eingeführt werden (vgl. *§ 254 StPO*). Es ist aber laut Rechtsprechung immer zulässig, den Vernehmungsbeamten als Zeuge zu hören.

» Gibt es Konstellationen, in denen die Vernehmung der Vernehmungsperson – trotz Berufung des Zeugen auf sein Aussageverweigerungsrecht – nicht gegen § 252 StPO verstößt?

Die Rechtsprechung lässt die Einführung einer Zeugenaussage durch Vernehmung der Verhörsperson ausnahmsweise zu, wenn der Zeuge **von**

einem Richter vernommen worden ist. Voraussetzung hierfür ist in jedem Fall, dass der Richter den Zeugen ggf. vorsorglich für den Fall der Angehörigeneigenschaft **über sein Zeugnisverweigerungsrecht belehrt** hat.

Keine qualifizierte Belehrung erforderlich

Umstritten war lange Zeit, ob der Zeuge auch darüber belehrt werden muss, dass seine Aussage verwertbar bleibt, auch wenn er sich erstmals in der Hauptverhandlung auf sein Zeugnisverweigerungsrecht beruft. Nach Vorlage dieser Frage durch den 2. Strafsenat hat der Große Senat die Erforderlichkeit einer „qualifizierten Belehrung" verneint:

„Macht ein Zeuge erst in der Hauptverhandlung von seinem Zeugnisverweigerungsrecht nach *§ 52 Abs. 1 StPO* Gebrauch, so erfordern die Einführung des Inhalts einer früheren Aussage des Zeugen in die Hauptverhandlung durch Vernehmung des Richters, vor dem der Zeuge im Rahmen des die konkrete Tat betreffenden Ermittlungsverfahrens ausgesagt hat, und die Verwertung des dadurch gewonnenen Beweisergebnisses, dass der Richter den Zeugen gemäß *§ 52 Abs. 3 S. 1 StPO* über sein Zeugnisverweigerungsrecht belehrt hat; einer weitergehenden Belehrung bedarf es nicht."

» Und wie machen Sie das ärztliche Attest, das die Verletzungen der Geschädigten dokumentiert, zum Gegenstand des Strafverfahrens?

Das im Fall genannte ärztliche Attest kann nach *§ 256 Abs. 1 Nr. 2 StPO* **als Urkundsbeweis** in den Prozess eingeführt werden.

Abschnitt 4

» Standardfragen und -themen in der mündlichen Prüfung im Öffentlichen Recht

Zuständigkeiten, Instanzenzug und Besetzung der Gerichte im Verwaltungsprozess

Regelmäßig – wenn aber auch etwas seltener als in der Zivilrechts- sowie Strafrechtsprüfung – werden auch **im öffentlich-rechtlichen Prüfungsteil der mündlichen Prüfung** die Zuständigkeiten der Gerichte sowie der Instanzenzug geprüft. Gerade weil die Prüfer Praktiker sind, stößt es auf großes Unverständnis, wenn der Prüfling Fragen hierzu nicht aus dem Stand beantworten und **die einschlägigen Normen** nicht nennen kann.

» Zuständigkeit der Verwaltungsgerichte in 1. Instanz

Grundsätzlich sind gemäß *§ 45 VwGO* erstinstanzlich **die Verwaltungsgerichte** für alle Streitigkeiten zuständig, für die der Verwaltungsrechtsweg offensteht.

Besetzung der Kammern des Verwaltungsgerichts: Nach *§ 5 Abs. 3 VwGO* entscheidet die Kammer in der Besetzung von drei Richtern und zwei ehrenamtlichen Richtern, sofern die Sache nicht auf einen Einzelrichter übertragen wurde.

» Zuständigkeit der Oberverwaltungsgerichte in 1. Instanz

Abweichend von der Regel sind gemäß *§§ 47, 48 VwGO* **die Oberverwaltungsgerichte in erster Instanz zuständig** insbesondere für die Entscheidung über die Gültigkeit von Satzungen, die nach den Vorschriften des BauGB erlassen worden sind (*§ 47 Abs. 1 Nr. 1 VwGO*), über die Gültigkeit von anderen **im Rang unter dem Landesgesetz stehenden Rechtsvorschriften**, sofern das Landesrecht dies bestimmt (*§ 47 Abs. 1 Nr. 2 VwGO*), sowie über Streitigkeiten, die im Katalog der Großprojekte des *§ 48 VwGO* explizit aufgeführt sind.

Besetzung der Senate des Oberverwaltungsgerichts: Grundsätzlich nach *§ 9 VwGO* drei Berufsrichter.

Abweichende Besetzung

Nach *§ 9 Abs. 3 VwGO* kann der Landesgesetzgeber aber abweichend hiervon die Besetzung der OVG obligatorisch auf fünf Richter festsetzen, von denen zwei Richter ehrenamtliche Richter sein dürfen; im Bereich der Großprojekte des *§ 48 VwGO* kann sogar obligatorisch die Besetzung von fünf Richtern und zwei ehrenamtlichen Richtern festgesetzt werden.

» Zuständigkeit des Bundesverwaltungsgerichts in 1. Instanz

Das Bundesverwaltungsgericht ist schließlich gemäß *§ 50 VwGO* insbesondere **bei Bund-Länder-Streitigkeiten** sowie bei Klagen gegen vom Bundesinnenminister ausgesprochene Vereinsverbote erst- und somit auch zugleich letztinstanzlich zuständig.

Besetzung: Die Senate des Bundesverwaltungsgerichts entscheiden in der Besetzung von fünf Richtern (*§ 10 Abs. 3 VwGO*).

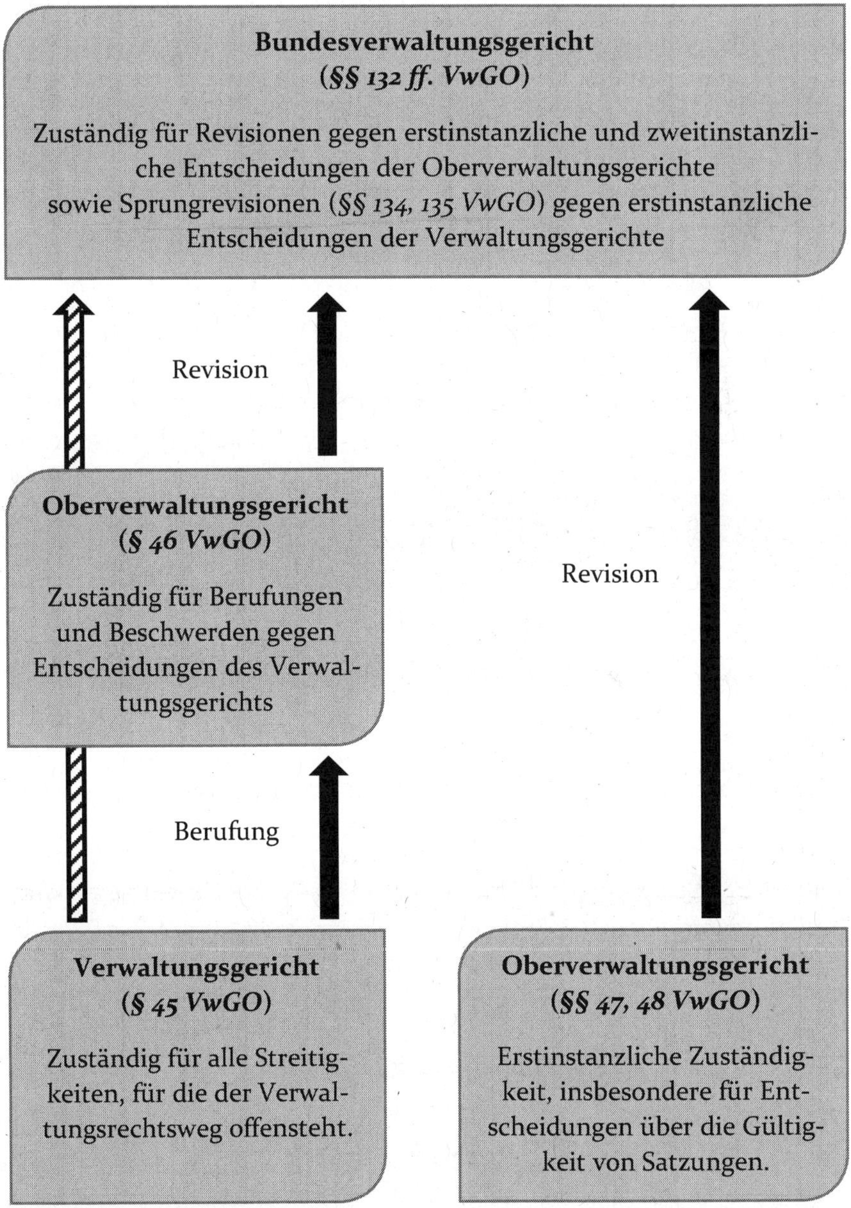
Bundesverwaltungsgericht
(§§ 132 ff. VwGO)
Zuständig für Revisionen gegen erstinstanzliche und zweitinstanzliche Entscheidungen der Oberverwaltungsgerichte sowie Sprungrevisionen (§§ 134, 135 VwGO) gegen erstinstanzliche Entscheidungen der Verwaltungsgerichte
Revision
Oberverwaltungsgericht
(§ 46 VwGO)
Zuständig für Berufungen und Beschwerden gegen Entscheidungen des Verwaltungsgerichts
Revision
Berufung
Verwaltungsgericht
(§ 45 VwGO)
Zuständig für alle Streitigkeiten, für die der Verwaltungsrechtsweg offensteht.
Oberverwaltungsgericht
(§§ 47, 48 VwGO)
Erstinstanzliche Zuständigkeit, insbesondere für Entscheidungen über die Gültigkeit von Satzungen.

» Zuständigkeit in der Berufungsinstanz

Zuständiges Berufungs- und Beschwerdegericht **gegen erstinstanzliche verwaltungsgerichtliche Entscheidungen** ist das Oberverwaltungsgericht (*§ 46 VwGO*). Voraussetzung einer Berufung ist allerdings nach *§ 124 VwGO*, dass das Verwaltungsgericht **die Berufung zugelassen** hat bzw. das OVG auf Antrag die Berufung zulässt (*§ 124a Abs. 4 VwGO*).

Besetzung: Die Besetzung richtet sich auch hier nach *§ 9 VwGO*, es gilt also dasselbe wie bei der erstinstanzlichen Zuständigkeit der Oberverwaltungsgerichte: Grundsätzlich **entscheiden drei Berufsrichter**, es sei denn, der Landesgesetzgeber hat für die Besetzung eine abweichende Regelung getroffen.

» Zuständigkeit in der Revisionsinstanz

Gegen erstinstanzliche Entscheidungen der Oberverwaltungsgerichte sowie gegen zweitinstanzliche Entscheidungen der Oberverwaltungsgerichte als Berufungsgerichte ist das **statthafte Rechtsmittel die Revision**, für die das Bundesverwaltungsgericht zuständig ist. Nach *§§ 132 ff. VwGO* ist auch hier Voraussetzung, dass das OVG die Revision zugelassen hat bzw. dass das Bundesverwaltungsgericht auf Antrag die Revision zulässt.

Besetzung: Die Senate des Bundesverwaltungsgerichts entscheiden in der Besetzung von fünf Richtern (*§ 10 Abs. 3 VwGO*).

» Sprungrevision als Sonderfall

Grundsätzlich ist die Revision nur gegen erst- und zweitinstanzliche Entscheidungen der Oberverwaltungsgerichte statthaftes Rechtsmittel. **Ausnahmsweise** kann aber gemäß *§§ 134, 135 VwGO* „unter Umgehung der Berufungsinstanz" eine Revision gegen das Urteil eines Verwaltungsgerichts eingelegt werden. Eine solche „**Sprungrevision**" setzt aber kumulativ voraus:

- Zulassung der Sprungrevision durch das VG im Urteil oder auf Antrag einer Partei durch Beschluss,*
- schriftliche Zustimmung von Kläger und Beklagtem sowie
- grundsätzliche Bedeutung der Rechtssache oder Abweichung des Urteils des VG von einer Entscheidung des BVerwG oder des BVerfG

(Weitere) Original-Prüfungsfragen im Zusammenhang mit der Zuständigkeit und dem Instanzenzug der Verwaltungsgerichte

» Das VG entscheidet über alle Streitigkeiten, für die der Verwaltungsrechtsweg offensteht. Wann ist denn der Verwaltungsrechtsweg eröffnet?

Praktisch bedeutsamer Fall

In der Praxis kommt es oftmals zum Streit, ob zB einer extremen Partei die Zulassung zur Benutzung einer öffentlichen Einrichtung zu gewähren ist. Hier wird im Falle der Klage die Frage relevant, ob es sich dabei

* Entscheidet sich das Verwaltungsgericht für die Zulassung der Sprungrevision im erstinstanzlichen Urteil, so ist das Bundesverwaltungsgericht an diese Entscheidung gebunden.

um eine öffentlich-rechtliche Streitigkeit handelt, die nach der bekannten „Zweistufentheorie" beantwortet wird.

Nach *§ 40 Abs. 1 S. 1 VwGO* ist der Verwaltungsrechtsweg **in allen öffentlich-rechtlichen Streitigkeiten** nichtverfassungsrechtlicher Art gegeben. Ob eine Streitigkeit öffentlich-rechtlich ist, richtet sich nach der Natur des Rechtsverhältnisses, aus dem der Klageanspruch geltend gemacht wird; entscheidend ist also, dass die für das Klagebegehren **in Betracht kommende Anspruchsgrundlage** dem öffentlichen Recht zuzurechnen ist.

» Unter welchen Voraussetzungen wird denn eine Rechtssache auf einen Einzelrichter übertragen?

Ein Rechtsstreit soll **eigentlich immer** einem Einzelrichter übertragen werden, wenn die Sache keine besonderen Schwierigkeiten tatsächlicher oder rechtlicher Art aufweist und die Rechtssache keine grundsätzliche Bedeutung hat (vgl. *§ 6 VwGO*).

» Wenn man nach der mündlichen Prüfung Verwaltungsrichter wird, erhält man keine Rechtssachen als Einzelrichter, sondern ist Berichterstatter der Kammer. Warum ist das so bzw. was ist überhaupt ein Berichterstatter?

Nach *§ 6 Abs. 1 S. 2 VwGO* darf ein Richter auf Probe **im ersten Jahr nach seiner Ernennung** nicht Einzelrichter sein.

Ein Berichterstatter bereitet gemäß *§ 21g GVG* **die Beratung und Entscheidung der Kammer über eine Rechtssache** vor. Dazu fasst er im Rahmen eines Votums den streitigen und unstreitigen Sachverhalt zusammen und trägt diesen **inklusive eines Entscheidungsvorschlags** der Kammer vor. Nach Beratung und Entscheidung der Kammer verfasst der Berichterstatter zudem die Entscheidungsgründe.

» Wirken die ehrenamtlichen Richter bei einer verwaltungsgerichtlichen Entscheidung immer mit?

Nein. Bei Beschlüssen außerhalb der mündlichen Verhandlung sowie bei **Gerichtsbescheiden** entscheiden ausschließlich die drei Berufsrichter.

» Was ist denn überhaupt ein Gerichtsbescheid?

Wenn Rechtsstreitigkeiten vor dem Verwaltungsgericht einfach gelagert sind und der zugrunde liegende Sachverhalt geklärt ist, kann das Gericht die Sache **ohne mündliche Verhandlung** per Gerichtsbescheid entscheiden (*§ 84 VwGO*). Die Entscheidung ergeht dann in einem **vereinfachten Verfahren** und gerade ohne Mitwirkung von ehrenamtlichen Verwaltungsrichtern, was der Beschleunigung des Verfahrens dient.

Kein Einverständnis erforderlich

Die Parteien müssen mit der Entscheidung per Gerichtsbescheid nicht einverstanden sein. Ob eine Entscheidung per Gerichtsbescheid ergeht, liegt im alleinigen Ermessen des Gerichts.

Sofern das Gericht im Gerichtsbescheid **ein Rechtsmittel nicht zulässt** und somit ein solches nicht gegeben ist, können die Parteien innerhalb eines Monats nach Zustellung des Gerichtsbescheids **die Durchführung der mündlichen Verhandlung beantragen**; wurde fristgerecht die mündliche Verhandlung beantragt, gilt der Gerichtsbescheid als nicht ergangen (*§ 84 Abs. 3 VwGO*).

» Welche Rechtsmittel sind gegen einen Gerichtsbescheid statthaft?

Nach *§ 84 Abs. 3 VwGO* wirkt ein Gerichtsbescheid **wie ein Urteil**. Es stehen also dieselben Rechtsmittel zur Verfügung wie gegen ein erstinstanzliches Urteil des Verwaltungsgerichts.

Grundsätze des Verwaltungsprozesses

Auch in den Protokollen der öffentlich-rechtlichen Prüfungen finden sich immer wieder Fragen **zu den grundlegenden Verfahrensmaximen** im Verwaltungsprozess. Man muss sich klar machen, dass in der mündlichen Prüfung auf die Kenntnis der grundlegenden Vorschriften und Wertungen viel Wert gelegt wird. Daher muss man die Grundsätze des Verwaltungsprozesses – inklusive der **Normen der VwGO**, in denen die einzelnen Maximen ihren Ausdruck finden – auf jeden Fall nennen können.

» *Dispositionsmaxime*

§ 81 VwGO normiert den im Verwaltungsprozess geltenden Verfügungsgrundsatz: **Der Kläger entscheidet** mit seiner Klage, dass er Klage erhebt bzw. erheben will, und bestimmt mit seiner Klage **den Streitgegenstand**. Das Verwaltungsgericht ist an diese Klageerhebung und Festlegung des Streitgegenstandes gebunden. Es darf dem Kläger nicht mehr zusprechen, als dieser beantragt hat (vgl. *§ 88 VwGO*).

Unterschied zum Strafprozess

Im Gegensatz dazu gilt im Strafprozess – wie bereits oben ausgeführt – die Offizialmaxime. Gang und Inhalt des Strafverfahrens sind der Herrschaft der Beteiligten weitestgehend entzogen.

Darüber hinaus haben auch während des laufenden Verwaltungsprozesses **allein die Parteien das Recht**, über den Streitgegenstand zu verfügen. So kann der Kläger unter anderem die Klage jederzeit ändern (*§ 91 VwGO*); und beide Parteien zusammen haben immer die Möglichkeit den Prozess durch Vergleich (*§ 106 VwGO*) oder durch beiderseitige Erledigungserklärung (*§ 161 Abs. 2 VwGO*) zu beenden.

» *Untersuchungsgrundsatz*

Nach dem Untersuchungsgrundsatz erforscht das Verwaltungsgericht **von Amts wegen** den Sachverhalt – *§ 86 Abs. 1 VwGO*.

Unterschied zum Zivilprozess

In dieser Maxime liegt der Unterschied zum Zivilprozess. Denn dort gilt statt des Untersuchungsgrundsatzes der Beibringungsgrundsatz: Die Parteien haben den relevanten Sachverhalt vorzutragen; nicht vorgetragene Tatsachen darf das Gericht nicht bei der Entscheidung berücksichtigen.

Trotz des Untersuchungsgrundsatzes haben aber die Parteien gemäß *§ 86 Abs. 1 S. 1 (2. Hs.) VwGO* **an der Erforschung des Sachverhalts** mitzuwirken. Die Beteiligten trifft also eine Prozessförderungspflicht. Kommen die Beteiligten ihrer Pflicht zur Aufklärung des Sachverhalts nicht nach, obwohl **es ihnen möglich und zumutbar wäre**, verringert sich im selben Maße die aus dem Untersuchungsgrundsatz resultierende Pflicht des Gerichts zur Erforschung des Sachverhalts.

» *Grundsatz der Mündlichkeit*

Der Grundsatz der Mündlichkeit findet ihren Ausdruck in *§ 101 VwGO*: Danach entscheidet das Verwaltungsgericht, soweit nichts anderes bestimmt ist, auf Grund einer **mündlichen Verhandlung**.

Ausnahme

Laut *§ 101 VwGO* entscheidet das Gericht nur nach einer mündlichen Verhandlung, „soweit nichts anderes bestimmt ist". Unter diese Ausnahme fällt die bereits oben angesprochene Entscheidung durch Gerichtsbescheid, die ohne mündliche Verhandlung ergehen kann.

Der Grundsatz der Mündlichkeit ist **kein Verfassungsgrundsatz**, sondern wird allein durch das jeweilige Prozessrecht normiert. Es verstößt somit nicht gegen *Art. 19 Abs. 4 GG* oder *Art. 103 Abs. 1 GG*, dass *nach § 101 Abs. 2 VwGO* das Gericht **mit Einverständnis der Beteiligten** ohne mündliche Verhandlung entscheiden kann, der Mündlichkeitsgrundsatz also zur Disposition der Beteiligten steht.

» *Grundsatz der Unmittelbarkeit*

Auch im Verwaltungsprozess gilt der Grundsatz der Unmittelbarkeit. Nach *§ 96 VwGO* erhebt das Gericht **Beweis in der mündlichen Verhandlung**. Das Gericht darf also bei seiner Entscheidung nur das berücksichtigen, was auf der **persönlichen Wahrnehmung** aller an der Entscheidung beteiligten Richter beruht.

» *Beschleunigungsgrundsatz*

Das Verwaltungsverfahren und der Verwaltungsprozess sollen **schnellstmöglich durchgeführt und abgeschlossen** werden. Gesetzlichen Ausdruck findet der Beschleunigungsgrundsatz unter anderem in *§§ 86, 87 VwGO*, wonach die mündliche Verhandlung durch Schriftsätze vorbereitet werden soll und der Vorsitzende oder Berichterstatter schon vor Beginn der mündlichen Verhandlung **Anordnungen treffen** können, um den Rechtsstreit möglichst in einem Verhandlungstermin zu erledigen.

» *Öffentlichkeitsgrundsatz*

Aus dem Grundsatz der **Öffentlichkeit des Verfahrens** (*§ 55 VwGO* iVm *§§ 169 ff. GVG*) folgt, dass der Verwaltungsprozess öffentlich stattfindet.

» Gewährung rechtlichen Gehörs

Aus *Art. 103 Abs. 1 GG* folgt der **Anspruch eines jeden vor Gericht**, rechtliches Gehör zu finden. Das Verwaltungsgericht hat nach diesem Verfahrensgrundsatz die Beteiligten jederzeit über den Stand des Verfahrens zu informieren und ihnen das Recht einzuräumen, zB zu Schriftsätzen der Gegenseite **Stellung nehmen zu können**. Grundlage der Entscheidung dürfen schließlich nur solche Tatsachen und Beweisergebnisse sein, zu denen sich die Beteiligten äußern konnten (*§ 108 VwGO*).

Anhörungsmitteilung bei Gerichtsbescheid

Auch wenn das Gericht eine Entscheidung durch Gerichtsbescheid trifft, ist der Anspruch der Beteiligten auf rechtliches Gehör nicht verletzt. Denn nach *§ 84 Abs. 1 S. 2 VwGO* sind die Beteiligten, auch wenn keine mündliche Verhandlung stattfindet, durch eine sogenannte „Anhörungsmitteilung" vorab zur Sache zu hören.

Vorläufiges Rechtsschutzverfahren

Wie schon im schriftlichen Examen ist auch in mündlichen Prüfungen im Öffentlichen Recht der **einstweilige Rechtsschutz nach den *§§ 80 f., 123 VwGO*** das mit Abstand am häufigsten geprüfte Thema. Es gibt wirklich vergleichsweise wenige Prüfungen im Öffentlichen Recht, die nicht (auch) den Eilrechtsschutz behandeln.

Dass viele Prüfer den einstweiligen Rechtsschutz gerne zum Gegenstand ihrer Prüfungen machen, liegt zum einen daran, dass die Prüfer sich **von aktuellen Themen inspirieren** lassen. Und gerade interessante Sachverhalte insbesondere des Bau- oder Versammlungsrechts, über die ausführlich in den Medien berichtet wird, werden in der Praxis **sehr häufig im Eilrechtsschutzverfahren** entschieden.

Zum anderen ist es – unabhängig von der Aktualität – nahezu bei jedem Sachverhalt möglich, **eine Eilbedürftigkeit der Entscheidung** zu konstruieren und die Prüfung auf den einstweiligen Rechtsschutz hinauslaufen zu lassen. Für den Prüfer ist dies immer vorteilhaft, da er neben den materiell-rechtlichen Problemen des Falls so zumindest auch ein paar **prozessuale Fragen** in die Prüfung einbauen kann.

Wir können das **vorläufige Rechtsschutzverfahren** nach den *§§ 80 f., 123 VwGO* nicht umfassend darstellen, da dies den Rahmen dieses Buchs, das auf eine umfassende, aber schnelle Wiederholung der wichtigsten Themen angelegt ist, sprengen würde. Wir beschränken uns daher darauf, **die Grundlagen der *§§ 80 f., 123 VwGO* aufzuzeigen**, die in jedem Fall für die mündliche Prüfung bekannt sein müssen. Sofern Du Dich in diesem Thema unsicher fühlst und es daher detaillierter wiederholen möchtest, empfehlen wir Dir, die **Unterlagen aus Studium und Referendariat** hierzu zu nutzen.

» Systematische Übersicht über die Antragsarten des vorläufigen Rechtsschutzes im Verwaltungsprozess

(1) Anträge nach den ***§§ 80, 80a VwGO***

- Antrag nach *§ 80 Abs. 5 VwGO* zur Anordnung der aufschiebenden Wirkung in den Fällen des *§ 80 Abs. 2 S. 1 Nr. 1-3 VwGO*
- Antrag nach *§ 80 Abs. 5 VwGO* zur Wiederherstellung der aufschiebenden Wirkung in den Fällen des *§ 80 Abs. 2 S. 1 Nr. 4 VwGO*
- Antrag nach *§ 80 Abs. 5 VwGO* analog zur Feststellung der aufschiebenden Wirkung
- Anträge nach *§ 80a VwGO* bei VA mit Doppelwirkung

(2) Anträge nach den ***§ 123 VwGO*** gerichtet auf den Erlass einer

- Sicherungsanordnung gemäß *§ 123 Abs. 1 S. 1 VwGO*
- Regelungsanordnung gemäß *§ 123 Abs. 1 S. 1 VwGO*

(3) Antrag nach ***§ 47 Abs. 6 VwGO*** zur Abwehr schwerer Nachteile oder aus anderen wichtigen Gründen iRd Normenkontrollverfahrens

Bonuspunkte

Wird nach den in der VwGO vorgesehenen Antragsarten im vorläufigen Rechtsschutz gefragt, wird die Nennung des *§ 47 Abs. 6 VwGO* nicht erwartet, sondern gibt eher Bonuspunkte.

» Abgrenzung von §§ 80, 80a VwGO zu § 123 VwGO

(1) Grundsätzliches **Verhältnis der Vorschriften** zueinander

Die Anträge im vorläufigen Rechtsschutz nach den *§§ 80, 80a VwGO* stehen zu den Anordnungen nach *§ 123 VwGO* **nicht in einem „aliud-**

Verhältnis" und regeln voneinander verschiedene Sachverhalte.* Vielmehr sind die *§§ 80, 80a VwGO* Spezialvorschriften, die *§ 123 Abs. 1 VwGO* immer verdrängen, wenn es um die Aussetzung der sofortigen Vollziehung von belastenden Verwaltungsakten geht; der vorläufige Rechtsschutz nach *§ 123 VwGO* hat demnach **die Funktion eines Auffangtatbestandes**. Dies ergibt sich bereits aus dem Wortlaut des *§ 123 Abs. 5 VwGO*: Danach gelten die Vorschriften der Absätze 1 bis 3 der Norm nicht für die Fälle der *§§ 80 und 80a VwGO*.

(2) Konkrete **Anwendungsbereiche** der Normen

Der vorläufige Rechtsschutz des praktisch wichtigsten Antrags nach *§§ 80 Abs. 5 VwGO* setzt zum einen voraus, dass **im Hauptsacheverfahren die Anfechtungsklage statthafte Klageart** wäre. Erforderlich ist demnach ein belastender, noch nicht erledigter Verwaltungsakt (vgl. *§ 42 Abs. 1 VwGO*). Zum anderen muss die **aufschiebende Wirkung des Rechtsbehelfs** ausgeschlossen (*§ 80 Abs. 2 S. 1 Nr. 1-3 VwGO*) oder die **sofortige Vollziehung** angeordnet (*§ 80 Abs. 2 S. 1 Nr. 4 VwGO*) worden sein.

Tenor bei Erfolg des Antrags

Prüfer lassen gerne von den Kandidaten den Tenor bilden. Dieser lautet im Erfolgsfalle:

„Die aufschiebende Wirkung des Widerspruchs gegen den Bescheid des Antragsgegners vom [...] wird angeordnet [wiederhergestellt]".

Die im Vergleich zu *§ 80 VwGO* speziellere Vorschrift des *§ 80a VwGO* setzt einen **Verwaltungsakt mit Doppelwirkung** voraus. Nach der den Absätzen 1 und 2 zu entnehmenden Legaldefinition sind darunter VA zu

* Fragen nach der Abgrenzung von §§ 80, 80a VwGO und § 123 VwGO im Allgemeinen und im konkret zu lösenden Fall finden sich nahezu immer in den Protokollen, wenn es in der Prüfung um den einstweiligen Rechtsschutz geht.

verstehen, die einen Betroffenen rechtlich begünstigen, zugleich aber einen anderen Betroffenen belasten.

Eine **einstweilige Anordnung nach *§ 123 VwGO*** ist schließlich als Grundtatbestand immer dann zulässig, wenn es sich in der Hauptsache um eine Verpflichtungs-, Leistungs- oder Feststellungsklage handelt.

» Standardprobleme im Rahmen der Antragsarten im vorläufigen Rechtsschutz

(1) Zulässigkeit des Antrags nach *§ 80 Abs. 5 VwGO* bei noch nicht eingelegtem Anfechtungsrechtsbehelf?

Grundsätzlich ist die **Einlegung des Rechtsbehelfs in der Hauptsache** sachlogische Voraussetzung für die Zulässigkeit eines Antrags nach *§ 80 Abs. 5 VwGO*. Nur dann lässt sich die aufschiebende Wirkung anordnen bzw. wiederherstellen.

(2) Zulässigkeit des Antrags nach *§ 80 Abs. 5 VwGO* bei offensichtlicher Unzulässigkeit des Hauptsacherechtsbehelfs?

Ist der **Hauptsacherechtsbehelf offensichtlich unzulässig**, weil zum Beispiel Fristen oder erforderliche Formen bei der Einlegung nicht gewahrt wurden, entfällt für das vorläufige Rechtsschutzverfahren **das Rechtsschutzbedürfnis**. Der Antrag nach *§ 80 Abs. 5 VwGO* ist dann ebenfalls unzulässig.

(3) Erforderlichkeit eines erfolglosen Aussetzungsantrags bei der Behörde vor Einleitung des vorläufigen Rechtsschutzverfahrens?

Das Rechtsschutzbedürfnis ist auch dann gegeben, wenn der Antragsteller **keinen Antrag auf eine behördliche Aussetzungsentscheidung** gemäß *§ 80 Abs. 4 VwGO* gestellt hat. Ein solcher Aussetzungsantrag ist also nicht erforderlich.

(4) Zulässigkeit des Nachschiebens von Gründen im Rahmen der Begründung des überwiegenden öffentlichen Interesses an der Anordnung der sofortigen Vollziehung nach *§ 80 Abs. 2 S. 1 Nr. 4 VwGO*?

Nach der überwiegenden Rechtsprechung kann die Behörde auch noch im Verfahren eine **ordnungsgemäße Begründung nachschieben**. Denn würde man dies nicht zulassen, würde die Behörde einfach eine neue, ordnungsgemäße Anordnung der sofortigen Vollziehung erlassen.

(5) Problem der Vorwegnahme der Hauptsache bei Erstreben einer Regelungsanordnung

Grundsätzlich darf das vorläufige Rechtsschutzverfahren **nur zu einer vorübergehenden** (= zeitlich befristeten) oder mit Bedingungen oder Auflagen vorläufigen Regelung führen. Daher sind grundsätzlich Regelungen ausgeschlossen, die faktisch auf eine **Vorwegnahme der Hauptsache** hinauslaufen. Ausnahmsweise folgt aus dem Gebot des effektiven Rechtsschutzes, dass auch die Vorwegnahme der Hauptsacheentscheidung durch die Regelungsanordnung zulässig ist; zB wenn es um zeitgebundene Rechte geht (Zulassung zur Prüfung) oder dem Antragssteller **irreparable Nachteile drohen**.

(Weitere) Original-Prüfungsfragen im Zusammenhang mit dem vorläufigen Rechtsschutzverfahren

» Der Anwendungsbereich des vorläufigen Rechtsschutzes nach § 80 Abs. 5 VwGO erfordert einen belastenden Verwaltungsakt. Wie wird der Begriff des VA definiert?

Ein VA im Sinne des *§ 35 S. 1 VwVfG* ist die rechtsverbindliche hoheitliche Regelung eines Einzelfalls durch eine Behörde.

» Wann wird ein VA wirksam?

Ein Verwaltungsakt wird gemäß *§ 43 Abs. 1 VwVfG* wirksam, wenn er **bekannt gegeben** wird. Ein bloßes „Bekanntwerden" reicht dabei nicht aus. Vielmehr setzt die Bekanntgabe im Sinne der Vorschrift voraus, dass die zuständige Behörde **in amtlicher Eigenschaft mit Bekanntgabewillen** dem Betroffenen gegenüber den Inhalt des Verwaltungsaktes eröffnet.

» Was versteht man unter öffentlichen Abgaben und Kosten im Sinne des § 80 Abs. 2 Nr. 1 VwGO?

Öffentliche Abgaben sind Steuern, Gebühren und Beiträge, die bei Erfüllung eines hoheitlichen Handelns erhoben werden, um den Finanzbedarf des Hoheitsträgers zur Wahrnehmung seiner öffentlichen Aufgaben zu decken. **Kosten** sind alle Gebühren und Auslagen, die den Betroffenen wegen der Durchführung eines Verwaltungsverfahrens auferlegt und nach tariflichen oder leicht erkennbaren Merkmalen der Höhe nach festgesetzt werden.

» Führen Verkehrszeichen zum Ausschluss der aufschiebenden Wirkung nach § 80 Abs. 2 VwGO?

Verkehrsregelnde Vorschriftszeichen stehen wegen der Funktionsgleichheit den „unaufschiebbaren Anordnungen und Maßnahmen von Polizeivollzugsbeamten" gleich und führen nach Absatz 2 Nr. 2 der Norm zum Entfallen der aufschiebenden Wirkung.

» Was versteht man unter einer Sicherungsanordnung, was unter einer Regelungsanordnung?

Die **Sicherungsanordnung (*§ 123 Abs. 1 S. 1 VwGO*)** soll den Antragsteller davor bewahren, dass durch die Veränderung eines bestehenden Rechtszustandes die Verwirklichung eines Rechts des Antragsstellers vereitelt oder wesentlich erschwert wird.

Durch eine **Regelungsanordnung (*§ 123 Abs. 1 S. 2 VwGO*)** wird die vorläufige Einräumung oder Erweiterung einer begünstigenden Rechtsposition erstrebt.

> **Merksatz**
>
> Die Regelungsanordnung kommt in der Praxis deutlich häufiger vor – „Regelungsanordnung ist die Regel“.

» Nach welcher Norm richtet sich der vorläufige Rechtsschutz bei einer für sofort vollstreckbar erklärten belastenden Nebenbestimmung eines begünstigenden VA?

Da nach Auffassung des Bundesverwaltungsgerichts gegen die vom Haupt-VA trennbare Nebenbestimmung **im Hauptsacheverfahren die Anfechtungsklage** statthafter Rechtsbehelf wäre, richtet sich der vorläufige Rechtsschutz gegen eine solche belastende Nebenbestimmung nach *§ 80 Abs. 5 VwGO.*

» Und wie sieht es mit dem vorläufigen Rechtsschutz gegen eine sogenannte modifizierende Auflage aus?

Eine **modifizierende Auflage** ist im vorläufigen Rechtschutzverfahren – anders als eine Nebenbestimmung – nach *§ 123 VwGO* anzugreifen.

» Wie sind denn Nebenbestimmung und modifizierende Auflage voneinander abzugrenzen?

Eine Nebenbestimmung liegt vor, wenn eine Hauptregelung **durch eine zusätzliche Bestimmung ergänzt oder beschränkt** wird. Eine selbständige Nebenbestimmung kann in Form einer sogenannten Auflage gegeben sein.

In Abgrenzung dazu spricht man von einer **modifizierenden Auflage**, wenn der Bescheidgeber zwar Formulierungen verwendet, die auf eine Auflage (also Nebenbestimmung) hindeuten; tatsächlich wird aber nicht eine zusätzliche Leistungspflicht begründet, sondern der **Grund-VA qualitativ verändert**.

Gegen Grund-VA Verpflichtungsklage statthaft

Es ist unstreitig, dass wegen der inhaltlichen Veränderung des Grund-VA durch die angebliche Auflage in der Hauptsache die Verpflichtungsklage auf Erlass des eigentlich begehrten VA statthafte Klageart wäre. Daher ist im vorläufigen Rechtschutzverfahren *§ 123 VwGO* einschlägig.

» *Was passiert, wenn in einem Fall des § 80 Abs. 5 VwGO ein Antrag nach § 123 VwGO eingelegt wird (oder andersherum)?*

Der Antrag auf vorläufigen Rechtsschutz wird durch die falsche Bezeichnung **nicht unzulässig**. Vielmehr ist nach *§ 88 VwGO* das Gericht an die Fassung der Anträge nicht gebunden. Es hat das Begehren des Antragsstellers aus dem Gesamtvorbringen **im Wege der Auslegung zu ermitteln** und ggf. den formulierten Antrag umzudeuten.

Verwaltungsvollstreckung

Im Zivilrecht ist das Zwangsvollstreckungsrecht ein Thema, auf das sich alle Referendare vorbereiten. Wird dagegen die **Vollstreckung in einer verwaltungsrechtlichen Prüfung** thematisiert, geraten Referendare regelmäßig ins Schwimmen. Da wir aber des Öfteren in den Protokollen auf Fragen zum Verwaltungsvollstreckungsrecht gestoßen sind, möchten wir im Folgenden die Grundzüge kompakt darstellen.

Besondere Examensrelevanz bei „Abschleppfällen"

Regelmäßig ergehen Entscheidungen zu öffentlich-rechtlichen Abschleppfällen. Immer dann, wenn ein Urteil zu diesem Thema veröffentlicht wird, bekommt das Verwaltungsvollstreckungsrecht eine besondere Examensrelevanz.

» Systematik des Verwaltungsvollstreckungsrechts

Die Verwaltungsvollstreckung ist ein **Sondervollstreckungsrecht** zugunsten der Verwaltung. Anders als im zivilrechtlichen Bereich kann die Behörde ihren Anspruch **gegen den Bürger selbst titulieren**. Zudem muss sie sich zur Vollstreckung nicht an ein anderes staatliches Organ wenden. Es ist zu unterscheiden:

(1) **Beitreibungsverfahren** (*§§ 1-5 VwVG*): Dient der Vollstreckung wegen Geldforderungen.

(2) **Verwaltungszwangsverfahren** (*§§ 6-18 VwVG*): Dient der Erzwingung von Handlungen, Duldungen und Unterlassungen. Im Rahmen des Verwaltungszwangsverfahrens ist darüber hinaus zu unterscheiden:

- Vollstreckung aufgrund eines VA
- Sofortiger Verwaltungszwang ohne Existieren eines Grund-VA

» *Vollstreckungsvoraussetzungen*

Grundsätzlich muss jeder Vollstreckung ein **wirksamer Verwaltungsakt zugrunde liegen**, der ein Gebot oder Verbot enthält („befehlender Verwaltungsakt"). Feststellende oder gestaltende VA verwirklichen sich bereits mit Bekanntgabe und bedürfen gerade keiner Vollstreckung nach dem VwVG.

Darüber hinaus setzt das Verwaltungsvollstreckungsverfahren die **Vollziehbarkeit des Verwaltungsakts** voraus. Das bedeutet, der VA muss unanfechtbar sein oder aber ein Rechtsmittel gegen den VA darf keine aufschiebende Wirkung entfalten (vgl. *§ 6 Abs. 1 VwVG*).

Die **Rechtmäßigkeit des Grund-VA** ist dagegen keine Wirksamkeitsvoraussetzung. Anderenfalls würden beispielsweise die Fristen des Widerspruchs und der Anfechtungsklage ins Leere laufen, da dann die Rechtmäßigkeit noch **inzident bei Anfechtung der Vollstreckungsmaßnahme** geprüft werden müsste.

» *Numerus clausus der Zwangsmittel*

Im Rahmen des Verwaltungszwangsverfahrens* zur Erzwingung von Handlungen, Duldungen und Unterlassungen schreibt *§ 9 VwVG* einen **„numerus clausus" an Zwangsmitteln** fest: Möglich sind die Ersatzvor-

* Das Verwaltungszwangsverfahren ist in der Praxis deutlich wichtiger als die Vollstreckung wegen Geldforderungen. Daher gehen wir auf das Verwaltungszwangsverfahren an dieser Stelle detaillierter ein.

nahme, das Zwangsgeld (subsidiär auch Zwangshaft) und der unmittelbare Zwang.

Die **Ersatzvornahme durch einen fremden Dritten** kommt dabei sachlogisch nur zur Erzwingung vertretbarer Handlungen des Schuldners in Betracht. Nimmt die Behörde die Handlung **selbst vor** (Selbstvornahme), ist dies ein Fall des unmittelbaren Zwangs im Sinne der Vorschrift.

Bei unvertretbaren Handlungen, Duldungen und Unterlassungen kommt insbesondere das **Zwangsgeld** in Betracht. Da das Zwangsgeld keine Strafe sondern ein Beugemittel ist, kann es ggf. **auch mehrfach verhängt und gesteigert** werden, bis der Schuldner die geforderte Handlung, Duldung oder Unterlassung vornimmt.

» Das Vollstreckungsverfahren

(1) Der Regelfall ist das **„gestreckte Vollstreckungsverfahren“**, das aus drei Schritten besteht: Androhung (*§ 13 VwVG*), Festsetzung (*§ 14 VwVG*) und Anwendung des Zwangsmittels (*§ 15 VwVG*).

Die **Androhung** kann nach Erlass des VA erfolgen oder aber auch mit dem Grund-VA verbunden werden. Sie muss zugestellt werden und hat ihrerseits VA-Qualität, das heißt sie ist **selbständig anfechtbar**. Inhaltlich muss die Androhung eine Frist bestimmen, innerhalb der der Adressat seiner Verpflichtung nachgekommen sein muss.

Erfüllt der Adressat innerhalb der Frist die von ihm geforderte Handlung, Duldung oder Unterlassung nicht, **setzt die Behörde das Zwangsmittel fest**. Die Festsetzung hat dabei eine (letzte) Warnfunktion.

Erfüllt der Schuldner noch immer nicht seine Verpflichtung, wird das Zwangsmittel angewendet. Die **Anwendung des Zwangsmittels** erfolgt dann durch Ersatzvornahme, Beitreibung oder physische Einwirkung auf den Schuldner und ist in rechtlicher Sicht ein Realakt.*

(2) Abweichend vom „gestreckten Vollstreckungsverfahren" ist es aber nach *§ 6 Abs. 2 VwVG* auch der **„sofortige Vollzug" ohne vorausgehenden Verwaltungsakt** zulässig, wenn dies zur Verhinderung einer rechtswidrigen Tat, die einen Straf- oder Bußgeldtatbestand verwirklicht, oder zur Abwendung einer drohenden Gefahr notwendig ist. Die Vollstreckungsmaßnahme ist aber nur dann rechtmäßig, wenn auch **ein hypothetischer Grund-VA in rechtmäßiger Weise** hätte erlassen werden können.

» *Wichtiger Anwendungsfall: Prüfung der Rechtmäßigkeit eines Kostenbescheids nach Abschleppen eines KFZ***

Der Kostenbescheid ist **dem Grunde nach dann rechtmäßig**, wenn die Vollstreckungsmaßnahme ihrerseits rechtmäßig war.

Beim Abschleppen eines KFZ steht dieses regelmäßig im Halteverbot. Das **Verkehrszeichen ist ein VA** in der Form einer Allgemeinverfügung mit Dauerwirkung, sodass ein Grund-VA vorliegt. Dieser Grund-VA ist aufgrund *§ 80 Abs. 2 S. 1 Nr. 2 VwGO* auch **sofort vollziehbar**. Problematisch ist oftmals die Wirksamkeit (bzw. Bekanntgabe) des Verkehrsschilds, wenn dieses zB **nachträglich** oder vorübergehend zur Sperrung einer Straße aufgestellt wurde.

---

* Wichtig ist, dass für die ordnungsgemäße Anwendung des Zwangsmittels der Grundsatz der Verhältnismäßigkeit gewahrt sein muss.

** Aufgrund der hohen Examensrelevanz gehen wir auf einen solchen Abschleppfall im Rahmen des Prüfungsgesprächs zur Wiederholung und Vertiefung ausführlich ein.

Wird das KFZ abgeschleppt, erfolgt dies in der Regel **im Wege der Ersatzvornahme als Vollstreckungsmaßnahme**. Aufgrund der Eilbedürftigkeit der Vollstreckungsmaßnahme darf die Behörde von der Androhung und Festsetzung des Zwangsmittels absehen.

Abgrenzung Ersatzvornahme vs. Sicherstellung

Oftmals kommt es auch in Betracht, dass das Abschleppen eines Fahrzeugs zur Sicherstellung des KFZ erfolgt. Es ist also zu prüfen und abzugrenzen, ob im konkreten Fall eine vollstreckungsrechtliche Ersatzvornahme oder eine polizeirechtliche Sicherstellung gegeben ist.

Schließlich ist stets die **Verhältnismäßigkeit der Vollstreckungsmaßnahme** zu diskutieren. Unverhältnismäßig kann das Abschleppen des KFZ bei einer nur geringfügigen Überschreitung der Höchstparkdauer sein. In aller Regel hat die handelnde Behörde **keine allzu lange Wartepflicht** und muss auch keine Nachforschungen zum Fahrer des KFZ anstellen.

(Weitere) Original-Prüfungsfragen im Zusammenhang mit dem Vollstreckungsverfahren im Verwaltungsrecht

» Gibt es Ausnahmen, bei denen sich die Vollstreckung öffentlich-rechtlicher Ansprüche nicht nach dem VwVG richtet?

Ja. Da sich das Verwaltungsvollstreckungsrecht nur auf die Fälle beschränkt, in denen die Behörde hoheitlich tätig wird, scheidet eine Vollstreckung nach dem VwVG aus, wenn zum Beispiel **Ansprüche aus einem öffentlich-rechtlichen Vertrag** vollstreckt werden sollen. Solche Ansprüche müssen durch die Behörde vor dem Verwaltungsgericht eingeklagt werden; das verwaltungsgerichtliche **Urteil ist dann Grundlage**

der Vollstreckung. Etwas anderes gilt nur dann, wenn sich der Vertragspartner der Behörde in dem Vertrag nach *§ 61 VwVfG* der sofortigen Vollstreckung unterworfen hat.

» Wenn ein verwaltungsgerichtliches Urteil Grundlage der Vollstreckung ist: Nach welchen Vorschriften richtet sich die Vollstreckung dann?

Die Vollstreckung richtet sich dann nicht nach dem Verwaltungsvollstreckungsgesetz, da das VwVG **nur bei Vollstreckungen durch Behörden** Anwendung findet. Ist Grundlage der Vollstreckung eine Entscheidung der Verwaltungsgerichte, richtet sich diese vielmehr **nach den *§§ 167 ff. VwGO*** (ggf. in Verbindung mit dem Achten Buch der Zivilprozessordnung).

» Als was handelt der Unternehmer, wenn er im Auftrag der Behörde das KFZ abschleppt?

Der Abschleppunternehmer wird als sogenannter **Verwaltungshelfer** hoheitlich tätig. Verwaltungshelfer sind schlicht „das Werkzeug der Behörde" und handeln **ausschließlich nach deren Weisung**. Das Handeln des Abschleppunternehmers als Verwaltungshelfer wird der Behörde zugerechnet.

» Was ist demgegenüber ein „Beliehener"?

Der Beliehene führt zwar ebenfalls hoheitliche Tätigkeiten aus; er macht dies aber selbständig **in eigenem Namen und in eigener Verantwortung**. Beispiele sind der TÜV und der Amtsarzt. Die **hoheitlichen Befugnisse erhalten Beliehene** aufgrund eines Gesetzes oder einer auf gesetzlicher Grundlage erlassenen Rechtsverordnung.

Materielles Recht: Grundzüge des Versammlungsrechts

Das Versammlungsrecht hat sowohl in der schriftlichen als auch in der mündlichen Prüfung **eine besondere Examensrelevanz**. Auch bei der Durchsicht der bei uns eingereichten Protokolle konnten wir eindeutig feststellen, dass das Versammlungsrecht überdurchschnittlich häufig zum Gegenstand der Ö-Rechts-Prüfungen gemacht wird. Im Folgenden stellen wir daher zum einen **die Grundzüge des Versammlungsrechts** dar und zeigen zum anderen die speziellen – auch praktisch relevanten – Probleme auf, auf die wir bei Durchsicht der Protokolle gestoßen sind.

» Versammlungsbegriff

Unter einer Versammlung versteht man **die Zusammenkunft mehrerer Menschen** zur Verfolgung eines gemeinsamen Zwecks, wobei es um die kollektive Meinungsbildung und -äußerung in öffentlichen Angelegenheiten gehen muss (sogenannter „enger Versammlungsbegriff").

In Abgrenzung zur Versammlung handelt es sich bei einer **Ansammlung** um jedes zufällige Zusammenkommen mehrerer Personen. Bei einer Ansammlung fehlt es an einer **„inneren Verbindung" der Teilnehmer**.

» Formen der Versammlung

(1) Öffentlich vs. nichtöffentlich

Eine Versammlung ist öffentlich, wenn die Teilnahme **jedermann offensteht**. Unerheblich ist dabei der Umstand, ob der Zugang nur mit Eintrittskarte oder Eintrittsgeld möglich ist; es ist allein entscheidend, dass die Versammlung einen nicht abgegrenzten Personenkreis umfasst.

Die **Maßnahmen des Versammlungsgesetzes** setzen voraus, dass es sich um eine öffentliche Versammlung handelt. Auf nichtöffentliche Versammlungen findet das VersG keine (und auch keine analoge) Anwendung.

Maßnahmen bei nichtöffentlichen Versammlungen

Bei nichtöffentlichen Versammlungen kann mangels Anwendbarkeit des VersG auf die allgemeinen Befugnisse des Polizei- und Ordnungsrechts zurückgegriffen werden. Dabei sind aber die Befugnisse verfassungskonform auszulegen, da es nicht sein kann, dass man die weniger gefährlichen nichtöffentlichen Versammlungen einfacher über das POR einschränken kann als eine öffentliche Versammlung über das VersG.

(2) Unter freiem Himmel vs. in geschlossenen Räumen

Versammlungen „unter freiem Himmel" werden von Versammlungen „in geschlossenen Räumen" durch das Kriterium abgegrenzt, ob diese **seitlich nicht begrenzt** oder ob diese seitlich vor dem ungehinderten Zugang weiterer Personen geschützt sind.* Rechtlich relevant ist die Differenzierung, da nach *Art. 8 Abs. 2 GG* nur **Versammlungen unter freiem Himmel** dem Gesetzesvorbehalt unterliegen.

» Genehmigungs- und Anmeldepflicht einer Versammlung

Art. 8 Abs. 1 GG gewährt jedem das Recht, sich **ohne Erlaubnis** versammeln zu dürfen. Es bedarf also keiner (straßen-)rechtlichen Genehmigung

* Ob der Veranstaltungsort überdacht ist, ist hingegen nicht relevant. So findet auch die Versammlung in einem Einkaufszentrum „unter freiem Himmel" im Sinne des VersG statt.

durch eine Behörde. Die Versammlung auf einem öffentlichen Platz ist folglich **keine Sondernutzung** des im Allgemeingebrauch stehenden Platzes, sondern unterfällt dem Gemeingebrauch der Straße.

Für Versammlungen unter freiem Himmel gilt aber zumindest nach *§ 14 Abs. 1 VersG* eine **Pflicht zur Anmeldung**. Dabei hat die Anmeldung mindestens 48 Stunden vor dem Beginn der Versammlung zu erfolgen.

Anmeldepflicht ist verfassungsgemäß

Eigentlich widerspricht das Erfordernis einer Anmeldung dem Wortlaut des Art. 8 Abs. 1 GG. Das Bundesverfassungsgericht hält die Anmeldepflicht aufgrund des Gesetzesvorbehalts in Art. 8 Abs. 2 GG dennoch für gerechtfertigt.*

Die Anmeldepflicht gilt jedoch nicht für **Spontandemonstrationen sowie für Eilversammlungen**. Letztere sind zwar vor Durchführung geplant; der Zweck der Eilversammlung wäre jedoch bei Einhaltung der in *§ 14 VersG* genannten Frist gefährdet.

» Spezialproblem 1: Durchsuchung von Personen, die sich auf dem Weg zur Versammlung befinden

Eine Durchsuchung als sogenannte **„Vorfeldmaßnahme“** also einer Maßnahme, die sich nicht auf die Versammlungszeit oder den Versammlungsort bezieht, unterfällt nach herrschender Ansicht nicht dem Versammlungsgesetz, sondern kann auf das **allgemeine Polizei- und Ordnungsrecht** gestützt werden. **Anreise zu einer und Abreise** von einer Versammlung fallen allerdings in den Schutzbereich des *Art. 8 GG*. Dies

* BVerfG, Beschluss vom 14.05.1985 – Az.: 1 BvR 223/81.

ist **bei der Ausübung** von polizei- und ordnungsrechtlichen Maßnahmen zu berücksichtigen.

» Spezialproblem 2: Aufnahme von Teilnehmern einer Versammlung bzw. Gegenaufnahme von Polizisten durch Versammlungsteilnehmer

Unter welchen Voraussetzungen die Polizei **Bildaufnahmen von einer Veranstaltung** machen darf, regeln die *§§ 19a, 12a VersG*. Danach darf die Polizei Bild- und Tonaufnahmen von Teilnehmern bei oder im Zusammenhang mit öffentlichen Versammlungen nur anfertigen, wenn **tatsächliche Anhaltspunkte** die Annahme rechtfertigen, dass von ihnen erhebliche Gefahren für die öffentliche Sicherheit oder Ordnung ausgehen.

Gegenaufnahmen durch Demonstranten

Gerne gefragt wird in der mündlichen Prüfung, ob denn auch die Versammlungsteilnehmer ihrerseits Bildaufnahmen von den filmenden Polizisten machen dürfen. In einem Urteil vom 24.07.2015 hat das Bundesverfassungsgericht festgestellt, dass dies zulässig ist. Eine Identitätskontrolle der filmenden Versammlungsbesucher ist nicht rechtmäßig, da das Filmen als solches keine konkrete Gefahr für ein polizeiliches Schutzgut bedeute.

(Weitere) Original-Prüfungsfragen im Zusammenhang mit dem Versammlungsrecht

» Was sind die maßgeblichen Rechtsgrundlagen des Versammlungsrechts?

Verfassungsrechtlich ist das Versammlungsrecht in *Art. 8 GG* verankert. Bis zur Föderalismusreform unterlag das Versammlungsrecht der konkurrierenden Gesetzgebung. Maßgeblich war daher allein das Versammlungsgesetz des Bundes. Seit 2006 fällt das Versammlungsrecht in die **Regelungskompetenz der Länder**. Inzwischen haben einige Länder von dieser Kompetenz Gebrauch gemacht und Landes-Versammlungsgesetze erlassen.* In den übrigen Ländern gilt **das VersG des Bundes** gemäß *Art. 125a Abs. 1 S. 1 GG* fort und ist somit weiterhin Rechtsquelle.

» Zu welchem Rechtsgebiet gehört das Versammlungsrecht thematisch und wie ist das Verhältnis zwischen diesen Rechtsgebieten?

Das Versammlungsrecht ist thematisch dem **Polizei- und Ordnungsrecht** zuzuordnen. Im Verhältnis zueinander sperren die spezialgesetzlichen Ermächtigungsgrundlagen des VersG den Rückgriff auf Rechtsgrundlagen aus dem allgemeinen Polizei- und Ordnungsrecht. **Voraussetzung für die Sperrwirkung** ist aber zum einen die tatsächliche Eröffnung des Anwendungsbereichs des VersG; zum anderen gilt die Sperrwirkung nur für versammlungsbezogene Maßnahmen.

» Was versteht man unter einem „Aufzug" im Sinne des VersG?

Der Begriff des „Aufzugs" hat im Vergleich zum allgemeinen Versammlungsbegriff **keine eigenständige Bedeutung**. Ein Aufzug ist vielmehr eine sich fortbewegende Versammlung.

» Ist das Aufstellen eines Informationsstandes einer ortsansässigen Gruppe oder Partei eine Versammlung?

Nein. Ziel eines Informationsstandes ist **nicht die Meinungsbildung und -äußerung** der Gruppe, die den Stand aufstellt. Vielmehr geht es hier darum, als Gruppe die vorbeigehenden Passanten auf das Angebot und die Informationen aufmerksam zu machen.

* Bayern, Berlin, Niedersachsen, Sachsen, Sachsen-Anhalt und Schleswig-Holstein.

» Welche Maßnahmen sieht das VersG vor?

Nach *§ 15 VersG* können Versammlungen unter freiem Himmel **mit Auflagen versehen** werden. Denkbar sind Auflagen hinsichtlich der Routenführung der Versammlung bzw. des Aufzugs oder auch hinsichtlich der Dauer der Kundgebung.

Sofern eine **unmittelbare Gefahr für die öffentliche Sicherheit und Ordnung** vorliegt, ist es im Vorfeld auch möglich, eine Versammlung unter freiem Himmel **zu verbieten**. Nach Beginn einer Versammlung ist unter denselben Voraussetzungen eine Auflösung möglich.

Eine **Versammlung in geschlossenen Räumen** kann nur unter den Voraussetzungen des *§ 5 VersG* verboten bzw. mit Auflagen versehen werden.

» Wie sind die Begriffe „öffentliche Sicherheit" und „öffentliche Ordnung" definiert?

Die **öffentliche Sicherheit** umfasst den Schutz des Staates, seiner Einrichtungen und Veranstaltungen, den Schutz privater Rechte und Rechtsgüter sowie den Schutz der Rechtsordnung.

Die **öffentliche Ordnung** umfasst die Gesamtheit der im Rahmen der verfassungsmäßigen Ordnung liegenden ungeschriebenen Regelungen, deren Einhaltung nach der jeweils herrschenden Anschauung für ein friedliches Zusammenleben unerlässlich ist.

» Welche Gefahrbegriffe kennt das Polizei- und Ordnungsrecht?

Konkrete Gefahr: Eine konkrete Gefahr ist gegeben, wenn es aus Sicht eines objektiven Betrachters bei ungehindertem Geschehensablauf in naher Zukunft **mit hinreichender Wahrscheinlichkeit** zu einem Schaden für die öffentliche Sicherheit und Ordnung kommt.

Unmittelbare Gefahr: Eine unmittelbare Gefährdung im Sinne des VersG fordert eine **besondere zeitliche Nähe der Gefahrverwirklichung** sowie eine gesteigerte Wahrscheinlichkeit des Gefahreneintritts.

Anscheinsgefahr: Eine Anscheinsgefahr liegt vor, wenn zwar im Entscheidungszeitpunkt konkrete Anhaltspunkte für das Vorliegen einer Gefahr gegeben waren, sich aber **im Nachhinein („ex-post“)** herausstellt, dass tatsächlich keine Gefahr vorlag.

Schein-/Putativgefahr: Eine Schein- oder Putativgefahr ist eigentlich keine Gefahr, da der Entscheider zwar subjektiv von einer Gefahr ausging, seine Einschätzung aber **objektiv nicht plausibel** war.

Rechtmäßigkeit von Maßnahmen

Eine polizeiliche Maßnahme ist bei Vorliegen einer Anscheinsgefahr rechtmäßig, bei Vorliegen einer Schein- oder Putativgefahr dagegen unrechtmäßig.

Gefahrenverdacht: Ein Gefahrenverdacht ist gegeben, wenn die Behörde zwar über Indizien für das Vorliegen einer Gefahr verfügt, diese Indizien aber eine **plausible Prognose noch nicht zulassen**.

» Kann auch ein Veranstalter als Nichtstörer Adressat einer Auflage oder Auflösung sein?

Dies ist nur unter den strengen Voraussetzungen des **polizeilichen Notstandes** möglich. Der polizeiliche Notstand setzt voraus, dass die Gefahr nicht auf andere Weise abgewehrt werden kann und die Verwaltungsbehörde nicht die Mittel hat, die **bedrohten Rechtsgüter wirksam** zu schützen.

Prüfungsgespräch zur Wiederholung und Vertiefung

Das folgende Zwischenprüfungsgespräch ermöglicht Dir, die **Inhalte der vorangegangenen Kapitel** zu wiederholen und zu vertiefen.

» Ein neuer Mandant betritt Ihre Kanzlei und berichtet, dass vergangene Woche sein Auto abgeschleppt wurde. Er hatte es Montag auf öffentlicher Straße vor seinem Nachbarhaus geparkt. Am Dienstagnachmittag stellten Mitarbeiter eines privaten Umzugsunternehmens auf der Grundlage einer straßenverkehrsrechtlichen Ausnahmegenehmigung in dem betreffenden Straßenabschnitt zur Vorbereitung eines Umzugs zwei mobile Halteverbotsschilder für den Zeitraum von Donnerstag und Freitag, jeweils von 7:00 bis 18:00 Uhr, auf. Am Donnerstagmorgen veranlasste ein Mitarbeiter des Ordnungsamts, dass das Fahrzeug von einem Abschleppunternehmen auf den Betriebshof der Stadt geschleppt wurde. Dort konnte es der Mandant dann gegen Zahlung von 244,12 € für Abschlepp- und Verwahrungskosten abholen. Zudem erhob die Stadt eine Verwaltungsgebühr iHv 89 €.[*]

Der Mandant will sich nun gegen das Abschleppen wehren und die gezahlten Kosten erstattet haben. Mit welcher Klageart kann der Mandant gerichtlich gegen den Bescheid vorgehen?

Beim von der Stadt erlassenen Kostenbescheid handelt es sich um einen **belastenden Verwaltungsakt**. Gegen diesen VA kann der Mandant Anfechtungsklage erheben.

---

[*] Der Fall ist angelehnt an die Entscheidung des Bundesverwaltungsgerichts vom 24.05.2018 (Az.: 3 C 25.16). Nach der Veröffentlichung des Urteils wurde die Entscheidung in den mündlichen Prüfungen im 2. Staatsexamen über Wochen und Monate rauf und runter geprüft.

Keine Erledigung des Kostenbescheids

Auch wenn der Mandant bereits aufgrund des Bescheids der Stadt die Kosten des Abschleppunternehmers sowie die Verwaltungsgebühren bezahlt hat, führt dies nicht dazu, dass sich der Kostenbescheid erledigt hätte. Denn die Stadt behält das Geld des Mandanten gerade unter Berufung auf den wirksamen Kostenbescheid. Eine Anfechtungsklage bleibt somit trotz Zahlung statthaft.

» *Dem Mandanten geht es allerdings vor allem darum, die bereits gezahlten Gebühren und Auslagen zurückzuerhalten. Was bietet sich insofern prozessrechtlich an?*

Eine Anfechtungsklage sollte dann mit einem sogenannten **Annexantrag** gemäß *§ 113 Abs. 1 S. 2 VwGO* verbunden werden. Dieser Antrag richtet sich **auf Rückzahlung** der bereits vom Mandanten gezahlten Kosten. In prozessrechtlicher Hinsicht handelt es sich dabei um **eine (zusätzliche) Leistungsklage**, deren Zulässigkeit sich aus der Zulässigkeit der Anfechtungsklage ergibt und daher nicht gesondert geprüft wird.

***§ 113 Abs. 1 S. 2 VwGO* lautet:**

„Ist der Verwaltungsakt schon vollzogen, so kann das Gericht auf Antrag auch aussprechen, dass und wie die Verwaltungsbehörde die Vollziehung rückgängig zu machen hat".

» *Richtig. Sie sprachen davon, beim Kostenbescheid handele es sich um einen belastenden Verwaltungsakt. Wie ist der Begriff des Verwaltungsakts definiert?*

Nach *§ 35 S. 1 VwVfG* versteht man unter einem Verwaltungsakt jede Verfügung, Entscheidung oder andere **hoheitliche Maßnahme**, die eine Behörde zur Regelung eines Einzelfalls auf dem Gebiet des öffentlichen Rechts **mit Außenwirkung** trifft.

» Können Sie mir ein Beispiel für eine Maßnahme nennen, der es an der erforderlichen Außenwirkung mangelt und die somit nicht als VA zu qualifizieren ist?

Mangels Außenwirkung keine Verwaltungsakte sind zB **Zustimmungen oder Genehmigungen anderer Behörden**, die Voraussetzung für den Erlass eines bestimmten VA sind, sowie behördeninterne Anweisungen.

» Worin unterscheidet sich denn ein Verwaltungsakt von einem Realakt?

Ein Verwaltungsakt ist **auf das Bewirken einer Rechtsfolge** ausgerichtet. Ein Realakt dagegen zielt nicht auf eine Rechtsfolge, sondern auf einen **tatsächlichen Erfolg** ab. Beispiele für Realakte sind die Sicherstellung einer Sache, die Teilnahme der Polizei am Straßenverkehr sowie die Abschiebung eines ausreisepflichtigen Asylbewerbers.

» Wie Sie wissen, wird der VA gemäß § 43 Abs. 1 VwVfG in dem Zeitpunkt wirksam, in dem er dem Adressanten bekannt gegeben wird. In welcher Form kann denn die Bekanntgabe eines VA erfolgen?

Ein Verwaltungsakt kann nach *§ 41 VwVfG* durch mündliche Mitteilung, **schriftliche Übersendung**, in elektronischer Form und unter gewissen Voraussetzungen durch öffentliche Bekanntgabe dem Betroffenen gegenüber eröffnet werden. Die **Wahl der Form** liegt nach *§ 10 VwVfG* grundsätzlich im Ermessen der Behörde, es sei denn für die konkrete Maßnahme ist **per Gesetz eine bestimmte Form** vorgeschrieben.

» Gut. Zurück zum Fall: Wo findet sich denn die Rechtsgrundlage für die Erhebung der Verwaltungsgebühr bzw. für die Pflicht zur Erstattung von Auslagen?

Rechtsgrundlage für die Erhebung der Kosten ist *§ 77 Abs. 1 VwVG NRW**. Danach werden für Amtshandlungen nach diesem Gesetz – iVm der aufgrund des VwVG NRW erlassenen Ausführungsverordnung – von dem Vollstreckungsschuldner Kosten (Gebühren und Auslagen) erhoben.

» Dann kommen wir mal zur Prüfung des Falls. Wann hat die Anfechtungsklage Ihres Mandanten Aussicht auf Erfolg?

Die Anfechtungsklage hat Aussicht auf Erfolg, wenn der Gebührenbescheid **dem Grunde oder der Höhe nach rechtswidrig** ist. Dem Grunde nach rechtswidrig ist der Gebührenbescheid, wenn die Maßnahme, die den Gebührentatbestand ausgelöst hat, ihrerseits **in gesetzeswidriger Weise** ergangen ist. Es ist dementsprechend eine **inzidente Prüfung** der Vollstreckungsmaßnahme vorzunehmen.

» In unserem Fall wurde das Auto des Mandanten abgeschleppt. Wobei handelt es sich beim Abschleppen als Vollstreckungsmaßnahme in rechtlicher Hinsicht?

Denkbar wäre, das Abschleppen des Autos **als „Sofortvollzug" im Rahmen eines abgekürzten Vollstreckungsverfahren** zu charakterisieren. Dagegen spricht jedoch, dass das Abschleppen wegen Parkens im Parkverbot erfolgte. Das **das Parkverbot anordnende Verkehrsschild** stellt den Grund-VA dar und verbietet nicht nur das Parken in der entsprechenden Zone, sondern beinhaltet zudem ein Wegfahrgebot – also eine Handlungspflicht des Fahrzeugführers. Gerade wegen des Vorliegens eines Grund-VAs dürfte das Abschleppen des Fahrzeugs daher **als Ersatzvornahme im gestreckten Vollstreckungsverfahren** einzuordnen sein.

* Entsprechende Normen gibt es in den Verwaltungsvollstreckungsgesetzen aller Länder.

» Könnte es sich beim Abschleppen des KFZ nicht vielmehr um eine Sicherstellung des Fahrzeugs handeln statt um eine Maßnahme im Rahmen einer Vollstreckung?

Bei der Abgrenzung zwischen einer polizeirechtlichen Sicherstellung und einer vollstreckungsrechtlichen Ersatzvornahme ist **auf den Zweck des Abschleppens** abzustellen: Eine Sicherstellung wäre anzunehmen, wenn eine Gefahr entweder von dem Fahrzeug ausgeht oder für das Fahrzeug besteht; dagegen ist das Abschleppen als Ersatzvornahme einzuordnen, wenn lediglich **der Standort des Fahrzeugs** eine Gefahr für ein anderes Schutzgut schafft.

In unserem Fall liegt ein Parken im Halteverbot vor. Da durch das Abschleppen des KFZ **nur ein Wegfahrgebot durchgesetzt wird**, ist die Maßnahme also nicht als Sicherstellung, sondern als vollstreckungsrechtliche Ersatzvornahme zu qualifizieren.

» Nennen Sie mir bitte die grundsätzlichen Voraussetzungen für eine Vollstreckung?

Voraussetzung einer Vollstreckung ist zum einen das **Vorliegen eines wirksamen Verwaltungsakts**, der ein Gebot oder Verbot beinhaltet. Zum anderen muss der VA vollziehbar sein, das heißt dieser muss entweder **unanfechtbar sein** oder Rechtsmittel dürfen keine aufschiebende Wirkung haben.

» Was ist der Grund dafür, dass es im Rahmen der Vollstreckungsvoraussetzungen auf die Rechtmäßigkeit des Grund-VA nicht ankommt?

Möchte man gegen den Grund-VA vorgehen, hat man hinsichtlich des Widerspruchs bzw. der Klage **Fristen einzuhalten**. Wäre die Rechtmäßigkeit auch im Rahmen der Überprüfung der Vollstreckung relevant, würden die einzuhaltenden Fristen für Widerspruch bzw. Klage **ins Leere laufen**.

» Liegt denn in unserem Fall ein wirksamer Verwaltungsakt vor?

Ein mobiles Halteverbotsschild ist wie jedes andere Verkehrszeichen ein Verwaltungsakt **in Form einer Allgemeinverfügung** im Sinne des *§ 35 S. 2 VwVfG*.

Die Bekanntgabe erfolgt gemäß *§§ 39, 45 Abs. 4 StVO* **durch Aufstellen des Verkehrszeichens**, was eine besondere Form der öffentlichen Bekanntgabe ist. Sind Verkehrszeichen so aufgestellt oder angebracht, dass sie ein durchschnittlicher Kraftfahrer **bei Einhaltung der nach *§ 1 StVO* erforderlichen Sorgfalt** schon „mit einem raschen und beiläufigen Blick" erfassen kann, so äußern sie ihre Rechtswirkung gegenüber jedem von der Regelung betroffenen Verkehrsteilnehmer.

» Ihr Mandant hatte aber das Auto vor dem Nachbarhaus geparkt, als die Halteverbotsschilder noch nicht aufgestellt waren. Ändert das nichts an der Bewertung der Frage, ob das Parkverbot ihm gegenüber bekannt gemacht wurde?

Nein. Entscheidend ist allein, ob das Verkehrszeichen so aufgestellt ist, dass die Verkehrszeichen **wahrgenommen werden können**; auf die tatsächliche Kenntnisnahme durch den Verkehrsteilnehmer kommt es dagegen nicht an.

» Wie sieht es mit der Vollziehbarkeit des VA aus, welche ja ebenfalls Voraussetzung einer Vollstreckung ist?

Ein Verwaltungsakt ist vollziehbar, wenn **Rechtsmittel keine aufschiebende Wirkung** haben. *§ 80 Abs. 2 S. 1 Nr. 2 VwGO* ist analog auch auf Verkehrszeichen anwendbar. Da nach dieser Vorschrift die aufschiebende Wirkung von Widerspruch bzw. Anfechtungsklage entfällt, ist der VA vollziehbar.

» Halten Sie das Abschleppen des KFZ auch für verhältnismäßig?

Das Auto des Mandanten parkte noch am Donnerstagmorgen in der Zone, für die inzwischen ein Parkverbot galt. Es war also bereits **eine Beeinträchtigung des Umzugs** eingetreten, die nur durch Abschleppen des KFZ beendet werden konnte. Angaben dazu, ob man den Mandanten – als milderes Mittel – hätte ausfindig machen können, um ihn Gelegenheit zum Umparken des Autos zu geben, sind im Sachverhalt nicht gegeben, sodass ich von der **Verhältnismäßigkeit der Maßnahme** ausgehe.

» *Bedurfte es keiner Androhung und Festsetzung des Zwangsmittels der Ersatzvornahme?*

Nein. Auch im gestreckten Vollstreckungsverfahren kann nach *§ 63 Abs. 1 S. 5 VwVG NRW** **von der Androhung (und Festsetzung) des Zwangsmittels abgesehen werden**, „wenn die Umstände sie nicht zulassen, insbesondere wenn die sofortige Anwendung des Zwangsmittels **zur Abwehr einer gegenwärtigen Gefahr** notwendig ist".

» *Wie lautet denn nun das Ergebnis Ihrer Prüfung der Erfolgsaussichten der Klage Ihres Mandanten?*

Da meiner Ansicht nach **die Vollstreckungsmaßnahme rechtmäßig** war, ist auch der Kostenbescheid der Stadt dem Grunde nach rechtmäßig. Da keine Anhaltspunkte dafür vorliegen, dass der Bescheid der Höhe nach nicht den Vorschriften entspricht, komme ich zu dem Ergebnis, dass eine **Anfechtungsklage meines Mandanten keine Aussicht auf Erfolg** hat.

» *Genau das könnte man meinen. Und auch VG und OVG haben das in dem Fall so gesehen. Das BVerwG führt aber hinsichtlich der kostenrechtlichen Inanspruchnahme des Fahrzeugführers noch eine gesonderte Verhältnis-*

* Entsprechende Normen gibt es in den Verwaltungsvollstreckungsgesetzen aller Länder.

mäßigkeitsprüfung durch. Können Sie sich vorstellen, mit welchen Erwägungen es zu einem gegenteiligen Ergebnis kommt?

Möglicherweise verlangt das Bundesverwaltungsgericht **bei einem nachträglich aufgestellten Verkehrsschild**, dass zwischen Aufstellung des Schildes und dem Abschleppen des Fahrzeugs ein gewisser Zeitraum liegen muss, um eine kostenrechtliche Inanspruchnahme rechtfertigen zu können. In unserem Fall **vergingen noch nicht einmal zwei volle Tage**, bis es zum Abschleppen des Autos meines Mandanten kam. Auch wenn die Vollstreckungsmaßnahme als solche rechtmäßig war, ist es insofern **nicht verhältnismäßig**, dem Mandanten die Kosten aufzuerlegen.

Zweifache Verhältnismäßigkeitsprüfung

Man muss sich verdeutlichen, dass das BVerwG bei der Prüfung der Rechtmäßigkeit eines Kostenbescheids, der aufgrund des Abschleppens eines Autos aus einer nach dem Parken eingerichteten Parkverbotszone erlassen wurde, eine zweifache Verhältnismäßigkeitsprüfung durchführt: Zum einen muss die Vollstreckungsmaßnahme also solche verhältnismäßig gewesen sein. Und selbst wenn dies der Fall ist, muss zum anderen darüber hinaus auch die kostenrechtliche Inanspruchnahme des Schuldners verhältnismäßig sein.

» Richtig. Das BVerwG fordert eine Vorlaufzeit von drei vollen Tagen; eine Kostenbelastung für Abschleppmaßnahmen ist laut Gericht erst am vierten Tag nach der Aufstellung des Verkehrszeichens verhältnismäßig. Sie legen nun Anfechtungsklage ein. Nachdem monatelang keine Terminierung der mündlichen Verhandlung erfolgt, rufen Sie den zuständigen Richter an. Dieser sagt Ihnen, dass er wegen der Corona-Pandemie auf unbestimmte Zeit keine mündlichen Verhandlungen durchführt, weil er sich nicht mit dem Virus anstecken möchte. Wogegen könnte der Richter mit seinem Verhalten verstoßen?

Indem der Richter keine mündlichen Verhandlungen ansetzt, verstößt er **gegen den Beschleunigungsgrundsatz** als Maxime des Verwaltungsprozesses. Danach soll das Gerichtsverfahren schnellstmöglich durchgeführt und abgeschlossen werden.

Anknüpfen an die Corona-Pandemie

Es ist wenig überraschend, dass viele Prüfer derzeit die Pandemie als Anknüpfungspunkt für ihre Prüfung wählen. Neben Fragen zu den prozessrechtlichen Auswirkungen der Pandemie gehen viele Prüfer auch auf konkrete Entscheidungen mit Corona-Bezug ein oder fragen nach aktuellen Reformen, die zur Bewältigung der Pandemie vom Gesetzgeber auf den Weg gebracht wurden.* Solange das Virus grassiert, wird sich hieran nichts ändern.

» *Welche Möglichkeiten hat denn der Richter, ein Verfahren ohne mündliche Verhandlung im Sitzungssaal zu betreiben?*

Denkbar ist zum einen, das Verfahren **mittels Gerichtsbescheid zu entscheiden**. Gemäß *§ 84 Abs. 1 VwGO* ist das dann möglich, wenn die Sache in rechtlicher und tatsächlicher Hinsicht keine besonderen Schwierigkeiten aufweist. Der Richter muss jedoch beachten, dass nach Absatz 4 der Vorschrift **auf Antrag** eine mündliche Verhandlung durchzuführen ist.

Zum anderen darf das Gericht gemäß *§ 101 Abs. 2 VwGO* auf die Durchführung einer **mündlichen Verhandlung verzichten**, wenn die Beteiligten hierzu ausdrücklich zustimmen.

* Selbstverständlich gehen wir in unserem Insider-Dossier „Aktuelle Rechtsprechung und rechtspolitische Themen in der mündlichen Prüfung im 2. Examen" auch auf die Fragen mit Bezug zur Corona-Pandemie ein, die die Prüfer derzeit am häufigsten zum Thema ihrer mündlichen Prüfung machen.

Schließlich sollte der Richter in Erwägung ziehen, die mündliche Verhandlung **mittels Videokonferenz** durchzuführen. Nach *§ 102a VwGO* ist eine solche Verhandlung, bei der sich die Beteiligten an unterschiedlichen Orten aufhalten, **auf Antrag oder von Amts wegen** möglich.

» Der Richter erklärt sich schließlich bereit, die mündliche Verhandlung zu terminieren und durchzuführen. Er kündigt aber an, dass er aus Infektionsschutzgründen nur eine beschränkte Anzahl an Zuschauern teilnehmen lassen oder aber die Öffentlichkeit vollständig ausschließen wird. Wie ist dies rechtlich zu bewerten?

In dem (teilweisen) Ausschluss der Öffentlichkeit kann ein **Verstoß gegen den Öffentlichkeitsgrundsatz** liegen, der im Verwaltungsprozess nach *§ 55 VwGO* iVm *§ 169 GVG* gilt.

» Greift in dieser Situation nicht vielleicht ein gesetzlicher Ausnahmetatbestand?

In Betracht kommt zwar, den Ausschluss der Öffentlichkeit mit der Vorschrift des *§ 172 Nr. 1a GVG* zu rechtfertigen. Es stellt sich aber die Frage, ob eine konkrete **„Gefährdung des Leibes" aufgrund des Corona-Virus** tatsächlich zu besorgen ist, zumal die Vorschrift vom Sinn und Zweck her nicht auf Pandemie-Situationen ausgerichtet ist.

» Was meinen Sie: Wäre es dem Gesetzgeber denn erlaubt, durch ein formelles Gesetz die Vorschrift des § 169 GVG temporär aufzuheben?

Beim Öffentlichkeitsgrundsatz handelt es sich um eine **tragende Prozessmaxime**, die in allen Verfahrensordnungen Geltung hat. Eine Beschränkung oder sogar Aufhebung dieser Maxime müsste **inhaltlich und zeitlich klar definiert** sein. Da das Corona-Virus ein erhebliches gesundheitliches Risiko darstellt, halte ich eine Beschränkung des Öffentlichkeitsgrundsatzes durchaus für möglich. Ein solches Gesetz wäre aber wohl **nur dann verhältnismäßig**, wenn die Teilnahme der Öffentlichkeit an mündlichen Verhandlungen nur für eine sehr kurze Zeit – zB für einen Zeitraum von drei Monaten – ausgeschlossen wird.

Ergebnisoffene Fragen

In allen drei Rechtsgebieten stellen die Prüfer gerne Fragen, auf die es keine richtige oder falsche Antwort gibt, sondern über die man in der Gruppe aller Prüfungsteilnehmer ergebnisoffen diskutieren kann.

» *Gegen welche Vorschrift könnte verstoßen werden, wenn der Richter für alle Beteiligte im Saal eine Maskenpflicht anordnet?*

Grundsätzlich ist eine solche **sitzungspolizeiliche Anordnung**, die auf den Schutz der am Verfahren Beteiligten abzielt, nach *§ 176 Abs. 1 GVG* zulässig. Das Tragen eines Mund-Nase-Schutzes könnte aber gegen *§ 176 Abs. 2 S. 1 GVG* verstoßen, wonach „an der Verhandlung beteiligte Personen ihr Gesicht während der Sitzung **weder ganz noch teilweise verhüllen** dürfen". Allerdings darf der Vorsitzende Richter nach Absatz 2 Satz 2 der Vorschrift Ausnahmen von diesem Verhüllungsverbot zulassen, sodass die Anordnung der Maskenpflicht **kein rechtliches Problem** darstellen dürfte.

» *Welches Gericht ist denn für die Bearbeitung Ihrer Anfechtungsklage zuständig und welcher Spruchkörper wird in der Sache entscheiden?*

Gemäß *§ 45 VwGO* ist das **Verwaltungsgericht** für öffentlich-rechtliche Streitigkeiten in erster Instanz zuständig.

Zwar sind laut Gesetz **grundsätzlich die Kammern** die Spruchkörper beim VG. Nach *§ 6 VwGO* ist jedoch im Verwaltungsprozess die **Übertragung der Rechtssache auf den Einzelrichter** standardmäßig vorgesehen, wenn die Sache keine tatsächlichen und rechtlichen Schwierigkeiten aufweist und auch keine grundsätzliche Bedeutung hat. Da der Fall meines Mandanten diese Kriterien wohl erfüllen dürfte, wird also **ein Einzelrichter am Verwaltungsgericht** in der Sache entscheiden.

» *Können Sie sich vorstellen, welche verfassungsrechtlichen und rechtspolitischen Bedenken hinsichtlich der obligatorischen Übertragung der Sache auf den Einzelrichter bestehen?*

Zum einen muss man bedenken, dass eine Kammer beim VG mit drei Berufsrichtern **sowie zwei ehrenamtlichen Richtern** entscheidet. Durch die eigentlich immer praktizierte Übertragung einer Rechtssache auf einen Einzelrichter wird aber die eigentlich vom Gesetz vorgesehene Mitwirkung der ehrenamtlichen Richter **in Verwaltungsstreitigkeiten faktisch umgangen**.

Zum anderen ist eine **Berufung in Verwaltungsrechtssachen** nur dann möglich, wenn die Berufung durch das VG oder auf Antrag durch das OVG **zugelassen wird**. Ein Einzelrichter entscheidet daher viele Streitigkeiten erst- und zugleich letztinstanzlich. Verfassungsrechtlich ist durch die Übertragung auf einen Einzelrichter der **grundgesetzlich garantierte Anspruch auf Rechtsschutz** auf ein – wahrscheinlich noch gerade akzeptables, aber – niedriges Niveau gesenkt.

» *Wie ist der weitere Instanzenzug und in welcher Besetzung entscheiden die jeweiligen Gerichte?*

Gegen die erstinstanzliche Entscheidung des VG ist die **Berufung zum Oberverwaltungsgericht** das statthafte Rechtsmittel. Die Senate beim OVG entscheiden grundsätzlich in der Besetzung **mit drei Berufsrichtern**, sofern der Landesgesetzgeber nicht gemäß *§ 9 Abs. 3 S. 2 VwGO* diesbezüglich eine abweichende Regelung getroffen hat.

Zuständiges Revisionsgericht gegen Berufungsurteile des OVG ist das **Bundesverwaltungsgericht**. Die Senate am BVerwG entscheiden in der Besetzung von fünf Richtern.

» Wie kann es eigentlich sein, dass zB Bayern und Baden-Württemberg keine Gerichte mit der Bezeichnung „Oberverwaltungsgericht“ haben?

In manchen Bundesländern lautet die Bezeichnung des obersten Verwaltungsgerichts nicht Oberverwaltungsgericht, sondern **Verwaltungsgerichtshof.** Grundlage hierfür ist *§ 184 VwGO*: Danach durften die Gerichte, die zum Zeitpunkt des Inkrafttretens der Verwaltungsgerichtsordnung als „Verwaltungsgerichtshof“ bezeichnet waren, **diesen Namen weiterführen**.

» Dank Ihnen gewinnt der Mandant das Verfahren und erhält die bereits gezahlten Kosten für das Abschleppen zurück. Er ist aber dennoch so erbost über den Vorgang, dass er eine Kundgebung mit dem Titel „Protest gegen ungerechtfertigte Abschleppkosten“ plant. Dank verschiedener Social-Media-Plattformen findet er ca. 50 Gleichgesinnte, die sich dem Protest anschließen wollen. Der Mandant fragt Sie, ob er seine Kundgebung anmelden muss.

Ob eine Anmeldung erforderlich ist, hängt von der konkreten Durchführung der Kundgebung ab. Nach *§ 14 Abs. 1 VersG* sind nur Versammlungen anzumelden, die **öffentlich und unter freiem Himmel** stattfinden sollen.

» Wie beurteilen Sie die Frage, wenn sich die Gruppe auf dem Rathausplatz der Stadt treffen möchte?

Öffentlich ist eine Versammlung, wenn **jedermann an ihr teilnehmen kann**. Unter freiem Himmel findet die Versammlung statt, wenn der Versammlungsort **seitlich nicht begrenzt** ist, also jedermann ohne Weiteres hinzutreten kann. Da eine Kundgebung auf dem Rathausplatz diese Kriterien zweifellos erfüllt, muss der Mandant die Versammlung anmelden.

» Nach der Anmeldung der Veranstaltung bei der Stadt erhält der Mandant eine Bestätigung, die jedoch mit der Auflage verbunden ist, dass die Veran-

staltung bis spätestens 14.00 Uhr beendet sein muss. Grund hierfür ist eine bereits genehmigte Konzertveranstaltung auf dem Rathausplatz, zu der ebenfalls viele Menschen erwartet werden. Die sofortige Vollziehung wurde angeordnet. Wo findet sich die Rechtsgrundlage für eine solche Beschränkung der Veranstaltung?

Rechtsgrundlage hierfür ist *§ 15 Abs. 1 VersG*: Danach kann die zuständige Behörde die Versammlung von bestimmten Auflagen abhängig machen, wenn **die öffentliche Sicherheit oder Ordnung** bei Durchführung der Versammlung oder des Aufzuges unmittelbar gefährdet ist.

» Handelt es sich bei dieser „Auflage" um eine Nebenbestimmung im Sinne des § 36 VwVfG?

Nein. *§ 36 Abs. 2 Nr. 4 VwVfG*, der die **Legaldefinition** einer Auflage enthält, ermöglicht es, einen Verwaltungsakt mit einer solchen Nebenbestimmung zu versehen. Eine Versammlung wird aber **nicht mittels eines Verwaltungsaktes genehmigt**, sondern sie ist lediglich der zuständigen Behörde gegenüber angezeigt. Aus diesem Grund kann es bei der zeitlichen Beschränkung der Versammlung nicht um eine Nebenbestimmung im Sinne des *§ 36 VwVfG* handeln. Vielmehr ist die **versammlungsrechtliche Auflage** ein eigenständiger Verwaltungsakt.

» Der Mandant möchte diese Beschränkung nicht hinnehmen. Wie kann er dagegen vorgehen, wenn die Veranstaltung bereits in drei Tagen stattfinden soll?

Bei der zeitlichen Beschränkung der Veranstaltung handelt es sich um einen belastenden Verwaltungsakt, gegen den im **Hauptsacheverfahren die Anfechtungsklage** statthaft ist. Dem Mandanten ist daher anzuraten, im Rahmen des einstweiligen Rechtsschutzes **einen Antrag nach *§ 80 Abs. 5 VwGO* auf Wiederherstellung** der aufschiebenden Wirkung zu stellen. Dieser Antrag ist statthaft, da zum einen der Verwaltungsakt noch nicht erledigt und zum anderen die sofortige Vollziehung durch die Behörde angeordnet worden ist.

» *Sollten Sie – trotz Anordnung der sofortigen Vollziehung – auch Widerspruch gegen den Bescheid der Stadt einlegen?*

Aus anwaltlicher Vorsicht sollte ich das tun. Zwar ist umstritten, ob für die Zulässigkeit des Antrags nach *§ 80 Abs. 5 VwGO* **die vorige Einlegung eines Rechtsbehelfs im Hauptsacheverfahren erforderlich** ist. Vom Wortlaut der Vorschrift ausgehend ist dies aber zu bejahen, da nur dann die aufschiebende Wirkung des bereits eingelegten Rechtsbehelfs wiederhergestellt werden kann.

» *Diese Ansicht ist gut vertretbar. Wie ist es rechtlich einzuordnen, wenn die Stadt die Anmeldung der Veranstaltung zwar ohne Beschränkung bestätigt, die Mitarbeiterin aber telefonisch äußert, dass der Mandant aufgrund der Corona-Pandemie mit einem kurzfristigen Verbot der Versammlung aus Infektionsschutzgründen zu rechnen habe?*

Für das weitere Vorgehen kommt es entscheidend darauf an, als was die Aussage der Mitarbeiterin in rechtlicher Hinsicht anzusehen ist. Denkbar wäre zwar, dass die **mündliche Aussage der Mitarbeiterin** ein Verwaltungsakt im Sinne des *§ 35 VwVfG* darstellt. Voraussetzung hierfür ist aber, dass die Aussage eine **unmittelbare Rechtswirkung entfalten soll**. Die Mitarbeiterin stellt aber lediglich in Aussicht, dass es ihrer Ansicht nach zu einem Verbot kommen könnte. Mangels Regelungs- und Bindungswillen handelt es sich bei der Aussage nicht um einen Verwaltungsakt, sondern um eine **bloße Mitteilung**.

» *Und wie kann man in einem solchen Fall vorgehen?*

Der Mandant könnte **Feststellungsklage erheben** mit dem Ziel, gerichtlich feststellen zu lassen, dass ein Verbot der Versammlung aus Infektionsschutzgründen rechtswidrig wäre. Aufgrund der Eilbedürftigkeit dürfte auch ein **Antrag nach *§ 123 VwGO*** zur Klärung der Frage im einstweiligen Rechtsschutz statthaft sein.

» Abschließende Frage: Wie bewerten Sie materiell-rechtlich die zeitliche Beschränkung der Versammlung einerseits und das mögliche Verbot der Veranstaltung mit Berufung auf die Corona-Pandemie anderseits?

Beide Maßnahmen greifen in die nach *Art. 8 GG* geschützte Versammlungsfreiheit des Mandanten ein. Nach *§ 15 Abs. 1 VersG* darf eine Versammlung von Auflagen abhängig gemacht werden, wenn **die öffentliche Sicherheit oder Ordnung** bei Durchführung der Versammlung gefährdet ist. Sofern für den Nachmittag eine weitere Veranstaltung auf dem Rathausplatz angemeldet ist, ist durchaus zu befürchten, dass sich **eine zu große Anzahl an Menschen** auf dem Platz aufhält. Da die Verlegung der Veranstaltung des Mandanten an einen anderen Ort nicht per se ein milderes Mittel im Vergleich zur zeitlichen Beschränkung der Versammlung ist, dürfte **diese Maßnahme rechtmäßig** sein.

Anders zu bewerten ist das pauschale Verbot einer Versammlung aus Infektionsschutzgründen. Zunächst ist zu beachten, dass ein Verbot einer Versammlung **nur als „ultima ratio", also als letztes Mittel zulässig** ist. Zudem ist selbst nach den Pandemieverordnungen aller Bundesländer eine Ansammlung von Personen im öffentlichen Raum im gewissen Rahmen zulässig; dies muss dann auch bei der **rechtlichen Bewertung von Versammlungen** im Sinne des *Art. 8 GG* berücksichtigt werden. Schließlich hat die Behörde auch die Möglichkeit, statt die Versammlung zu verbieten, diese unter Auflagen zu gestatten. So stellt es im konkreten Fall ein milderes Mittel dar, **Auflagen hinsichtlich der Teilnehmerzahl oder in Bezug auf den Mindestabstand** zu erlassen, um so das Infektionsrisiko der Teilnehmenden mit COVID-19 zu minimieren.

Prüfungsgespräch mit weiteren Fragen aus dem Öffentlichen Recht

Wie schon nach den Standardfragen aus dem Zivil- und Strafrecht möchten wir im Folgenden im Stil eines Prüfungsgesprächs noch **auf weitere Themen** eingehen, auf die wir im Rahmen unserer Auswertung der Protokolle gestoßen sind. Auch mit diesen Fragen und Themen sollte man sich **zur bestmöglichen Vorbereitung** auf die mündliche Prüfung sorgfältig beschäftigen.

» Fall 1: Ihr Referendarkollege K hat es leider nicht in die mündliche Prüfung geschafft und ist endgültig durch das 2. Examen gefallen. Da er nun trotzdem schnell Geld verdienen möchte, überlegt er sich, eine Frittenbude auf dem berühmten Stoppelmarkt zu betreiben. Sein Antrag auf Zulassung wird jedoch sechs Wochen vor Beginn des Volksfestes von der Stadt abgelehnt. Welche rechtlichen Möglichkeiten hat der K nun?*

Er kann **Klage gegen die ablehnende Entscheidung** der Stadt einreichen. Da der Stoppelmarkt bereits in sechs Wochen stattfindet und auch der Aufbau des Standes Zeit benötigt, ist auch ein **Vorgehen im vorläufigen Rechtsschutzverfahren** möglich und ratsam.

» Welche Form des vorläufigen Rechtsschutzes ist denn im konkreten Fall statthaft?

Grundsätzlich ist ein Antrag nach *§ 123 VwGO* statthafte Antragsart, wenn nicht ein Fall der *§§ 80 f. VwGO* gegeben ist. Dies wiederum richtet sich nach der **statthaften Klageart im Hauptsacheverfahren**. Auch wenn es

---

* Der Stoppelmarkt in Vechta ist das größte Volksfest in Nordwestdeutschland mit jährlich ca. 800.000 Besuchern.

bei der Ablehnung der Stadt Vechta um einen den K belastenden VA handelt, richtet sich sein Begehren **auf Zulassung zum Stoppelmarkt**, also um den Erlass eines begünstigenden VA. In der Hauptsache ist demnach die **Verpflichtungsklage statthafte Klageart**, sodass im vorläufigen Rechtsschutzverfahren ein Antrag nach *§ 123 VwGO* zu stellen ist.

Spezielle Bezeichnung

Die Verpflichtungsklage nach einer entsprechenden Ablehnung des Begehrens bezeichnet man als „Versagungsgegenklage".

» Gehen Sie davon aus, dass alle Standplätze auf dem Stoppelmarkt bereits an andere Schausteller und Gewerbetreibende vergeben worden sind. Ist es dann wirklich zielführend für den K, in der Hauptsache (nur) eine Verpflichtungsklage zu erheben?

Wenn bereits alle Standplätze an Dritte vergeben worden sind, ist daran zu denken, dass der K **zusätzlich eine Anfechtungsklage** gegen die Zulassung eines bestimmten Konkurrenten erheben müsste, damit erst ein Platz frei wird, auf dessen Zuteilung er dann mittels Verpflichtungsklage klagen würde. Die Notwendigkeit einer solchen zusätzlichen Anfechtungsklage ist zwar umstritten, wird aber **grundsätzlich nur dann verlangt**, wenn dem abgelehnten Bewerber ein konkret benannter Konkurrent bevorzugt wurde. Da es aber auf dem Stoppelmarkt eine Vielzahl an Imbissbetrieben gibt, ist es dem K nicht zuzumuten, willkürlich gegen einen bestimmten oder aber gegen alle zusätzlich Drittanfechtungsklage zu erheben; vielmehr ist eine **isolierte Verpflichtungsklage** statthaft.

Handlungsverpflichtung der Stadt bei erfolgreichem Antrag

Für das entscheidende Gericht wäre es letztlich unerheblich, ob überhaupt noch eine Standfläche frei ist oder bereits alle Plätze vergeben sind. Die Stadt müsste einem stattgebenden Urteil / Beschluss ggf.

dadurch nachkommen, dass sie eine Zulassung eines anderen Bewerbers zurücknimmt / widerruft oder den privatrechtlichen Mietvertrag kündigt.

» *Richtig. In der gebotenen Kürze: Wenn aber doch bezüglich der Stände selbst mit den zugelassenen Schaustellern und Gewerbetreibenden privatrechtliche Mietverträge geschlossen werden, sind dann überhaupt die Verwaltungsgerichte zuständig?*

In einem solchen Fall richtet sich der richtige Rechtsweg **nach der „Zwei-Stufen-Theorie"**: Nach dieser Theorie wird zwischen dem „Ob" und dem „Wie" der Leistung unterschieden. Immer dann, wenn zunächst eine isolierte Entscheidung **über die Zulassung als solche getroffen wird** („Ob" der Zulassung zum Volksfest) und die Parteien hierüber streiten, handelt es sich um eine **öffentlich-rechtliche Streitigkeit** mit Zuständigkeit der Verwaltungsgerichte.

» *Zurück zum Fall: K stellt – wie von Ihnen eingangs vorgeschlagen – einen Antrag nach § 123 VwGO. Wann ist dieser begründet?*

Der Antrag ist begründet, wenn K einen **Anordnungsanspruch** und einen **Anordnungsgrund** glaubhaft macht.

» *Welche Norm könnte denn einen Anspruch des K auf Zulassung begründen?*

Mögliche Anspruchsgrundlage ist *§ 8 Abs. 2 GO NRW.*[*] Bei einem Volksfestplatz handelt es sich um eine **„öffentliche Einrichtung"**, zu deren Benutzung alle Einwohner der Gemeinde, aber auch Gewerbetreibende,

[*] Entsprechende Normen gibt es in den Gemeindeordnungen aller Länder.

die nicht in der Gemeinde wohnen (vgl. Absatz 3 der Norm), berechtigt sind.

> **„Festgesetztes" Volksfest**
>
> Hätte die Stadt Vechta den Stoppelmarkt als Volksfest im Sinne der *§§ 60b Abs. 1, 64 ff. GewO* „festgesetzt", käme als spezialgesetzliche Norm *§ 70 GewO* als Anspruchsgrundlage in Betracht.

» Also besteht aufgrund des eindeutigen Wortlauts der Norm nun ein Anspruch des K auf Zulassung?

Nein. Zwar liegt nach dem Wortlaut ein „gebundener Anspruch" vor. Wenn aber ein **sachlicher Grund vorliegt** (wie im vorliegenden Fall Platzmangel / Erreichen der Kapazitätsgrenze), dann wandelt sich dieser kommunalrechtliche Zulassungsanspruch in einen **Anspruch auf Erlass einer ermessensfehlerfreien Entscheidung**.

» Was für mögliche Ermessensfehler kennen Sie?

Ermessensnichtgebrauch: Ein solcher Fall liegt vor, wenn die Behörde gar keine Ermessenserwägungen anstellt, obwohl das Gesetz der Behörde ein Ermessen einräumt.

Ermessensüberschreitung: Die Behörde wählt bei ihrer Entscheidung eine (zu hohe) Rechtsfolge, die das Gesetz gar nicht vorsieht.

Ermessensfehlgebrauch: Ein solcher Fehler liegt insbesondere vor, wenn die Behörde wesentliche Punkte für die Entscheidung nicht in die Abwägung einbezogen und / oder die Behörde sachfremde Gesichtspunkte bei ihrer Entscheidung berücksichtigt hat.

» Für die sachliche Beurteilung der Frage, ob eine ermessensfehlerfreie Entscheidung vorliegt, fehlen uns die Sachverhaltsangaben, sodass wir das Ergebnis offenlassen. Wie beurteilen Sie das Vorliegen eines Anordnungsgrundes? Welche Art von Anordnung begehrt der K denn überhaupt?

Ein Anordnungsgrund ist dann gegeben, wenn die einstweilige Anordnung **zur Abwendung wesentlicher Nachteile** notwendig und ein Abwarten der Hauptsacheentscheidung unzumutbar ist. Da der Stoppelmarkt bereits in sechs Wochen stattfindet, käme eine Entscheidung in der Hauptsache zu spät; ein Anordnungsgrund ist daher zu bejahen.

Aber: Keine Vorwegnahme der Hauptsache

An dieser Stelle wäre ggf. das Problem der „Vorwegnahme der Hauptsache" zu erörtern, das wir bereits bei den Ausführungen zum vorläufigen Rechtsschutzverfahren aufgezeigt haben.

Der K begehrt den Erlass einer **Regelungsanordnung**, da durch die Entscheidung im vorläufigen Rechtsschutzverfahren sein Rechtskreis erweitert werden würde.

» Fall 2: Nachdem es mit der Frittenbude auf dem Stoppelmarkt nicht geklappt hat, hat der K die Idee, BierBike-Touren anzubieten. Zum Verständnis: Wissen Sie was ein BierBike ist?*

BierBikes sind **vierrädrige Fahrzeuge** mit einer Länge von rund 5,30 m, einer Breite von etwa 2,30 m und einer Höhe von ca. 2,70 m. Das Leergewicht beträgt rund 1.000 kg. Ein solches BierBike bietet Platz für bis zu 16

* Verständnisfragen zum Sachverhalt werden von Prüfern aus Fairnessgründen oft gestellt. Und sofern Du Fragen zum Sachverhalt hast, scheue Dich nicht, diese in der mündlichen Prüfung zu stellen.

Personen. Gelenkt und gebremst wird das BierBike von einem **vom Betreiber gestellten Fahrer**, der mit Blick in Fahrtrichtung im Frontbereich des Fahrzeugs sitzt. Das BierBike ist mit einem Bierfass mit einem Fassungsvermögen von bis zu 50 Litern, einer Zapf- sowie einer Musikanlage ausgestattet. Angetrieben wird das Gefährt durch Pedale mit Freiläufen, die von bis zu zehn der an den Längsseiten sitzenden Benutzern bedient werden.*

» Nachdem das geklärt ist: Braucht der K für eine solche BierBike-Tour eine Erlaubnis?

Da die BierBikes auf der Straße fahren, richtet sich die Erforderlichkeit einer Erlaubnis nach dem **Straßen- und Wegegesetz des Landes**. Nach *§ 14 StrWG NRW*** ist der Gemeingebrauch von öffentlichen Straßen jedermann gestattet; lediglich die **darüberhinausgehende Sondernutzung öffentlicher Straßen** bedarf nach *§ 18 StrWG NRW* einer Erlaubnis.

Examensrelevantes Rechtsgebiet

Auf Fälle zum Straßen- und Wegerecht sind wir bei Durchsicht der Protokolle überdurchschnittlich häufig gestoßen. Die Grundzüge des Straßen- und Wegerechts muss man – ohne lange zu überlegen – wiedergeben können.

» Bevor wir zur Nutzungsart kommen, interessiert mich aber zunächst, wann überhaupt eine „öffentliche Straße" im Sinne des Gesetzes gegeben ist.

* Die Beschreibung eines BierBikes haben wir einer Entscheidung des Bundesverwaltungsgerichts aus dem August 2012 entnommen; ganz so detailliert muss man in einer mündlichen Prüfung natürlich nicht antworten.

** Entsprechende Normen gibt es in den Straßengesetzen aller Länder.

Laut Legaldefinition des StrWG NRW sind öffentliche Straßen diejenigen Straßen, Wege und Plätze, die dem öffentlichen Verkehr **gewidmet sind**. Die zwingend notwendige Widmung ist ein dinglicher Verwaltungsakt in Gestalt einer Allgemeinverfügung (*§ 35 S. 2 VwVfG*). Inhalt der Verfügung ist, dass die Straße, der Weg oder der Platz **die Eigenschaft einer öffentlichen Straße** erhält und somit der öffentlich-rechtlichen Nutzungsordnung unterstellt wird.

» Richtig. Und wie unterscheiden sich nun die von Ihnen genannten Begriffe des Gemeingebrauchs und der Sondernutzung einer öffentlichen Straße voneinander?

Unter Gemeingebrauch versteht man die **Nutzung der Straße zum Verkehr**, also zum Überwinden von Entfernungen. Eine Sondernutzung liegt dagegen dann vor, wenn die Straße **über den Gemeingebrauch hinaus** genutzt wird.

» Und wie liegt es nun Ihrer Ansicht nach bei dem geschilderten Fall – braucht der K eine Erlaubnis für seine BierBike-Touren?

Eine Sondernutzung liegt vor, wenn die öffentliche Straße durch ein Fortbewegungsmittel ausschließlich oder überwiegend **zu anderen Zwecken als zur Fortbewegung** in Anspruch genommen wird. Denn derartige Vorgänge fallen bereits aus der Widmung zum Verkehr und damit aus dem einschlägigen Gemeingebrauch heraus, da sie nicht "zum Verkehr" geschehen.

Beim BierBike besteht der **Hauptzweck** darin, Partys, Feiern oder ähnliche Veranstaltungen auf der Straße durchzuführen und nicht in einer Ortsveränderung zum Personentransport. Die Verkehrsteilnahme wird jedenfalls durch den mit der Nutzung verfolgten Hauptzweck so sehr zurück gedrängt, dass **nicht mehr von einer Nutzung zum Verkehr** gesprochen werden kann.

Da es sich beim BierBike also vielmehr um eine **rollende Veranstaltungsfläche** handelt (es ist eine „mit Rädern versehene Theke“), unterfällt die von K geplante Tour nicht mehr dem Gemeingebrauch. Er benötigt daher eine Sondernutzungserlaubnis.

» So sehen es auch die Verwaltungsgerichte. Können Sie mir weitere Beispiele nennen, die der Sondernutzung öffentlicher Straßen, Wege und Plätze unterfallen und daher erlaubnispflichtig sind?

Weitere Fälle einer Sondernutzung sind zum Beispiel das **dauerhafte Abstellen eines Werbeanhängers** auf einem Parkplatz zu Werbezwecken, das Aufstellen von Werbeplakaten oder Infoständen durch politische Parteien oder die Nutzung der öffentlichen Straße für sonstige gewerbliche Zwecke.

» Ich möchte Ihr Beispiel der Wahlwerbung von Parteien aufgreifen: Sechs Wochen vor der nächsten Landtagswahl möchte die X-Partei einen Infostand aufbauen und über ihr Wahlprogramm informieren; die Y-Partei möchte lediglich Flyer an vorbeilaufende Passanten verteilen. Brauchen die Parteien eine Erlaubnis?

Sofern keine Hilfsvorrichtungen wie zum Beispiel ein Infostand verwendet werden, handelt es sich bei der **reinen Meinungsäußerung auf öffentlichen Straßen** um Gemeingebrauch. Die Y-Partei muss also keinen Antrag auf Erteilung einer Erlaubnis nach dem Straßen- und Wegegesetz stellen.

Meinungsäußerung ist keine Sondernutzung

Wegen der grundsätzlich erlaubnisfreien Zulässigkeit von Meinungsäußerungen im öffentlichen Raum spricht man auch vom „kommunikativen Gemeingebrauch“.

Da die X-Partei dagegen einen Infostand aufbauen möchte, liegt in ihrem Vorgehen **eine Sondernutzung**, die grundsätzlich erlaubnispflichtig ist. Es ist aber zu beachten, dass in sechs Wochen eine Landtagswahl stattfindet. Das Ermessen der für die Erteilung der Sondernutzungserlaubnis zuständigen Behörde ist **aufgrund des Parteienprivilegs nach *Art. 21 GG*** in jedem Fall auf null reduziert. Die X-Partei muss also zwar einen Antrag stellen, hat aber einen **Anspruch auf Erteilung der Erlaubnis**.

» Fall 3: Nachdem der K auch die Idee mit den BierBikes verwerfen musste, entschließt er sich, Wirt zu werden. Die beantragte Gaststättenerlaubnis wird ihm jedoch versagt, da er gemäß § 4 Abs. 1 GastG „unzuverlässig" sei. Wie ist denn der Begriff der Unzuverlässigkeit definiert?*

Unzuverlässig ist, wer nach dem **Gesamteindruck seines Verhaltens** nicht die Gewähr dafür bietet, dass er sein Gewerbe künftig ordnungsgemäß betreibt. Aus den bereits jetzt vorhandenen tatsächlichen Umständen wird also eine **Prognose auf das zukünftige Verhalten** des Gewerbetreibenden erstellt.

» Was ist das Tatbestandsmerkmal der Unzuverlässigkeit in rechtlicher Hinsicht?

Beim Merkmal der Unzuverlässigkeit handelt es sich um einen sogenannten **„unbestimmten Rechtsbegriff"**.

» Ist ein unbestimmter Rechtsbegriff hinsichtlich Auslegung und Anwendung vom Verwaltungsgericht überprüfbar?

* Genauso wie beim Versammlungsrecht hat sich nach der Föderalismusreform auch beim Gaststättenrecht die Gesetzgebungskompetenz auf die Länder verlagert. Das GastG des Bundes gilt nach Art. 125a GG als Bundesrecht fort, solange es nicht durch Landesrecht ersetzt wurde.

Grundsätzlich ist ein unbestimmter Rechtsbegriff **gerichtlich voll überprüfbar**. Selbst wenn die Einschätzung der Behörde bei Auslegung des konkreten Rechtsbegriffs vertretbar ist, kann das Gericht den unbestimmten Rechtsbegriff abweichend hiervon auslegen und in der Sache eine andere Entscheidung treffen.

Etwas anderes gilt nur bei **unbestimmten Rechtsbegriffen mit Beurteilungsspielraum** der Behörde, wenn die Behörde einen „Wissensvorsprung" hat. Ein solcher Wissensvorsprung liegt beispielsweise bei Prüfungsentscheidungen oder beamtenrechtlichen Eignungs- und Leistungsbeurteilungen vor. Hier beschränkt sich der Prüfungsumfang der Verwaltungsgerichte auf das **Einhalten allgemein anerkannter Bewertungsgrundsätze** sowie der einschlägigen Verfahrensvorschriften und Verfahrensgrundsätze.